中橋恵
Nakahashi Megumi
森まゆみ
Mori Mayumi

イタリアの小さな村へ

Alberghi Diffusi

アルベルゴ・ディフーゾのおもてなし

とんぼの本

新潮社

ラツィオ州のラブロは、小さな山の頂上に古い住宅がひしめくように寄り集まった、典型的な山岳都市。人口100人に満たない小さな集落のなかに、アルベルゴ・ディフーゾの宿クリスポルティがある。

プーリア州ロコロトンドの白壁が美しい路地で、繕い物をするおばさん。夏の暑さの厳しいイタリア南部では、家の前に椅子を出して涼を取ったり、近所の人たちとおしゃべりしたりする姿をよく見かける。

昼間のうだるような暑さがやっと過ぎ去った、夜10時30分頃のロコロトンドの路地。レストランのテラス席では、大人も子どもも一緒になって、会話と食事を楽しんでいた。

バジリカータ州にある世界遺産の町、マテーラの夜景。石灰岩の岩山をくりぬき、その上に石造りの住宅を層のように重ねた洞窟住居に、多くの人が暮らしている。

LA PIANA DEI MULINI
ALBERGO DIFFUSO
LA PIANA DEI MULINI
ALBERGO DIFFUSO

イタリアおもてなしの宿マップ
スイス
オーストリア
ハンガリー
スロベニア
クロアチア
セルビア
ボスニア・ヘルツェゴビナ
モンテネグロ
アルバニア
フランス
トレンティーノ=アルト・アディジェ特別自治州
フリウリ=ヴェネツィア・ジュリア特別自治州
ヴァッレ・ダオスタ特別自治州
ヴェネト州
ロンバルディア州
ピエモンテ州
エミリア・ロマーニャ州
リグーリア州
トスカーナ州
マルケ州
ウンブリア州
アブルッツォ州
モリーゼ州
ラツィオ州
プーリア州
カンパーニャ州
バジリカータ州
カラブリア州
サルデーニャ特別自治州
シチリア特別自治州
ミラノ
トリノ
ヴェネツィア
ボローニャ
フィレンツェ
ローマ
ナポリ
バーリ
カリアリ
コルシカ島（フランス）
リグーリア海
アドリア海
ティレニア海
イオニア海
地中海
❶エコベルモンテ
❷セクスタンティオ・レ・グロッテ・デッラ・チヴィタ
❸ソット・レ・クメルセ
❹アルベルゴ・ディフーゾ・モノポリ
❺ボルゴ・ディ・カステルヴェーテレ
❻イル・マンドルロ
❼アクアエ・シニス
❽ラ・ピアーナ・デイ・ムリーニ
❾ロカンダ・アルフィエリ
❿ボルゴ・デイ・サガリ
⓫クリスポルティ
⓬トッレ・デッラ・ボトンタ
⓭ボルゴ・サンタンジェロ
⓮ボルゴ・ディ・センプロニオ
⓯イル・カント・デル・マッジョ
⓰ロカンダ・セニオ
⓱モンターニャ・ヴェルデ
⓲アル・ヴェッキオ・コンヴェント
⓳ロカンダ・デッリ・エルフィ
⓴ボルゴ・ディ・ムストナーテ

Contents

はじめに

「ヨーロッパには何度も行ったけれど、もうイタリアだけでいいわ。また行きたい」という人がたくさんいる。ローマ、ミラノ、ヴェネツィア、フィレンツェが定番の4大観光地で、それを経験した旅行者は、次はアッシジやシエナ、ラヴェンナ、ピサなどのこぢんまりした都市を目指す。しかしこの辺ももう、観光客でいっぱいだ。じゃあ次はどこ？

私もまた、イタリア好きの一人である。何といってもおいしい食事、そして気のおけない陽気な人々、美しい風景が好きだ。ダンテやボッカチオの文学、パッラーディオの建築、ヴェルディやプッチーニのオペラ、モランディの絵などのほか、ヴィスコンティの『山猫』や『ベニスに死す』といった映画にも関心がある。

世紀の変わりめのころ、『即興詩人』のイタリア』という本を書くために、数度、かの国を旅した。そのときにナポリで通訳をしていただいたのが、当時、ナポリ大学に留学中だった中橋恵さんである。

久しぶりに会った彼女からこんな話を聞いた。

「イタリアには、美しい小さな村や町がまだまだあります。アルベルゴ・ディフーゾは、今イタリアでもっとも注目されている宿泊施設のスタイルで、あまり知られていない小さな村の中にあることが多いんです」

なに、それ？「アルベルゴはイタリア語で〝宿〟、ディフーゾは〝離れた〟〝分散した〟という意味。つまり、一軒の旅館やホテルですべての機能を満たすのではなく、集落の中のある家にはレセプションがあり、また別の家には客室があり、レストランがあり……というふうに、それぞれの機能を分担し合っているんです」と、中橋さん。

それ面白そうね、というと、中橋さんに「森さんもぜひ一度泊まりに来ませんか？」と誘われた。思い立ったが吉日の私は、2017年の夏、アルベルゴ・ディフーゾを満喫する3週間の旅に出ることになった。

アルベルゴ・ディフーゾは、チェーンのホテルとも、大箱のホテルとも、家族経営のB&Bとも異なる。住民が地域の歴史と文化を見直し、それに誇りを持って宿泊客と交流し、地域のレストランや土産物屋、個人ガイドなどとも提携することで、「地域全体がよくなるシステム」を作り出していく。その姿勢は、東京の小さな町で歴史や文化の掘り起こしと記録化を30年来やって来た私には、とても共感できるものだった。過疎化が進んで空き家だらけの日本の集落の再生にも、ヒントになるものを多く含んでいるだろう。

しかし、何よりも印象的だったのは、都市から離れた個性あふれる美しい土地とその風景であり、忘れられない人々のたたずまいや表情、会話であった。本書は、私や中橋さんが泊まった宿の中から、特におすすめの20軒を紹介する。団体旅行に飽きて、個人で自分らしい旅をしたいと考えている方、日本の過疎地や観光の未来を考える方に、これらの宿の魅力を味わってほしいと願っている。

森まゆみ

＼＼ これだけは知っておきたい！ ／／

アルベルゴ・ディフーゾがざっくり分かる 8の質問

文＝編集部

Q1 そもそも、アルベルゴ・ディフーゾって何？

直訳するならば「分散した宿」。小さな集落内の別々の場所に、レセプション、食堂、部屋などをバラバラに置き、集落の中を行き来しながら暮らすように泊まる、新しい旅のスタイルです。

Q2 いつから、どこで始まったの？

1980年代にイタリアで考案され、1995年にサルデーニャ島のボーザという村で第1号が誕生しました。

Q3 現在、どのくらいの数があるの？

アルベルゴ・ディフーゾ協会に正式に登録されているのは、イタリア国内で101軒（2018年4月現在）。登録外だが定義に従ってつくられていると判断できるものも含めると、約150軒あります。

Q4 どこにあるの？イタリア以外にもあるの？

イタリア全土に点在していますが、南部〜中部の過疎地域に特に多いです。イタリア国外でも、クロアチア、スペイン、スイス、ドイツなどに広がりつつあります。

Q5 宿泊価格帯は？

1泊80〜130ユーロほどと様々ですが、だいたい「中級〜安めの上級」ぐらい。繁忙期には1泊のみの宿泊が難しかったり、1人での宿泊だとかなり割高になってしまう宿もあるので、とにかく安く泊まれる宿を探している人にはお勧めできません。

Q6 イタリア語がしゃべれないと無理？

宿の従業員ならば英語もある程度は通じますが、村の小さな食堂などでは、イタリア語しか通じない場合も。カタコトでもコミュニケーションが取れる程度の英語力に加え、イタリア語のあいさつぐらいは覚えたいところです。

Q7 どうやって行くの？

電車やバスで行けないこともありませんが、駅や空港から離れた場所にあることが多いため、レンタカーが便利です。最寄りの空港や駅からの送迎サービスを行なっている宿もあるので、上手に利用しましょう（有料・無料など要確認）。

Q8 どんな人にお勧め？

パックツアーとは一味違った旅がしたい人や、観光地化されていないイタリアの田舎町に興味がある人などにお勧めです。子ども歓迎の宿も多いので、家族みんなでゆっくり2〜3泊するのも楽しいですよ！

小さな村で、暮らすように泊まる

バールやカフェの小さな椅子が並ぶ、古い港町モノポリの路地。アルベルゴ・ディフーゾ・モノポリの客室もこうした路地に面していて、まるで住民になったような気分で、暮らすように滞在することができる。

獲れたての魚介を味わえる漁村、中世から続く歴史ある村、険しい山々に囲まれた絶景の限界集落——大都市では決して味わえない、イタリアらしい小さな村に滞在する旅の形が、いま注目を集めています。

ヒントとなるのは「アルベルゴ・ディフーゾ」（分散した宿）という、まったく新しいスタイルの宿。村の中にレセプションがあり、そこで鍵を受け取って古民家を改修した部屋に泊まり、朝食は地元の人々で賑わうバールでいただく——そんな、まるでその村で暮らすように滞在できる宿が、増えているのです。

そんなおもてなし自慢の宿がある、個性豊かで美しい20の町や村の魅力を、たっぷりご紹介。多少の不便もまた楽し、自分だけのイタリアを見つける旅へ、さあ出かけましょう。

エコベルモンテのレセプション前にある小さな広場。ベンチでは、カラフルなワンピースに身を包んだ地元のおばあさんたちが、おしゃべりに興じていた。

1 カラブリア州ベルモンテ・カラブロ

兄弟の郷土愛から生まれた海を見下ろす手作りの宿

エコベルモンテ

文=森まゆみ

Ecobelmonte, Belmonte Calabro

宿泊した部屋のテラスからの風景。宿はティレニア海を見下ろす丘の上にあり、白いタープを張った小さな広場を囲むようにして、レセプション、朝食ルーム、土産物屋などが並んでいる。

Ecobelmonte, Belmonte Calabro

2017年7月、ナポリ在住の中橋恵さんと一緒に、アルベルゴ・ディフーゾを巡る旅に出た。中橋さんの運転で、ナポリから海岸沿いに南へ下っていく。青すぎるほどの地中海を見ながら、なかなか海で泳ぐチャンスがなかった。ようやく7月10日、静かな入り江で、海に入ることができた。海は透明で、足まで透けて見えた。

そこから山に入っていく。ベルモンテ・カラブロという小さな村に、エコベルモンテという名前のアルベルゴ・ディフーゾがあるのだ。村の広場に来てください、と言われていたが、どこが広場かさえ分からない。迷っていると、警官だと名乗るシャツ姿のにいちゃんが、「ついて来い」と言って走り出す。イタリアでは何事も人に聞くほうが早い。宿の入口に到着。前の年、見学に来たという中橋さんは、「あらまあ、この前来たときにいたおばあさんたちが、また同じ長椅子に座っているわ」と驚いている。

小さな可愛い中庭のドアから、背の高い素敵な女性が現れた。イタリア系ベネズエラ人のガブリエラさんである。

「私の一族は、この近くの町からベネズ

カラフルなタイルを敷いた明るい客室。オーナーのジャンフランコさんたちが自分たちで改修したもので、まさに「エコ」な手作り感でいっぱい

エラに移民したんです。夏の間、こっちに帰省していたときに、夫のジャンフランコと出会ったの。彼はもともと水道管工で、この町を愛しています。環境への意識が高く、海の清掃などをしていましたが、同世代の若者がどんどん村を出ていってしまって。それでお兄さんと一緒に、このアルベルゴ・ディフーゾをはじめたというわけなの」

　今日泊まる部屋はスタイリッシュというより、手作り感あふれるものだった。どの部屋にもシャワーやトイレが付いているが、水回りの専門家であるジャンフランコさんにはお手の物だろう。カラフ

海の見えるテラスで供された地産地消の夕食。
チロという地元ワインとともに、前菜をいただく。

[右]午後8時になっても、外はまだまだ明るい。テラスからはティレニア海と、海に浮かぶ島々を一望できる。
[左]この日は森さんの誕生日。オーナー夫妻が、サプライズでケーキを用意してくれていた。

ルなタイルの色合わせが楽しい。

「この家も買ったときはボロボロでした。でも家具も、捨てるのではなく、使えるものは使う。民俗学的に重要なものは別につくった郷土資料館に収めてあります。ベッドカバーは南米のもので、ここだけ私の趣味です」

　私も30年間に何回、家を壊すのに立ち会っただろう。そして取り壊すときには、家具や備品、食器から着物にいたるまで、できるだけ救出してきた。

　シャワーでさっぱりして、夜8時に、夕食会場である下のテラスに案内された。まだ空は明るく、ティレニア海を見下ろしながら「あれはシチリアで、ストロンボリの活火山と7つの島が海に浮かんでいるのです」、とガブリエラさんが説明してくれる。ジャンフランコさんはちょうど、ピザと明日のパンを焼いているところだった。とても背が高く、野性的な感じ。うーむ、ガブリエラさんが惚れたのもわかるなあ。

　前菜はオリーブやアンチョビ、花ズッキーニのフリット、トマトのブルスケッタなど。プリモ・ピアットのイワシのパスタは絶品。ジャガイモとイワシの重ね

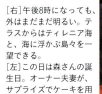

焼きの上には、フィノッキオ（ウイキョウ）の葉が飾られていた。

その日は私の誕生日であることを、中橋さんが予約の際に伝えてあったのか、最後にスプマンテとケーキまで出てきてびっくり。いつの間にかストロンボリの火山は闇に沈み、月が煌々と海上を照らしている。忘れられない誕生日となった。

夜中には蚊の襲撃に遭って目が覚め、バルコニーで考えた。私が「ナポリから南は一人でのんびり旅をするわ」と言ったのは、いかに甘かったか。アルベルゴ・ディフーゾがあるのは、このような難攻不落の集落なのである。運転もしない私に辿りつけるわけがない。彼らはサラセン人（イスラム教徒）の攻撃を恐れ、疫病の蔓延する平地を避けて、山城に住んだ。しかし既に敵はいないし、マラリアやペストも克服されている。若者は、仕事を探しに都会に出ていった。南イタリアの貧しさは想像を絶する。昔から多くの人々が移民として出ていった土地だ。ロック歌手のブルース・スプリングスティーンも、ジュリアーニ・元ニューヨーク市長も、南イタリア系移民の子孫だ。

アルベルゴ・ディフーゾは、快適でゴージャスな非日常のリゾートを求める人には不向きかもしれない。迷路のような石段の上り下りは私の歳ではこたえるし、厚い石壁に阻まれて、携帯やインターネットもなかなか使えない。虫もいる。

だけど、この美しい風景はどうだ。ここにあるのは丸ごとの暮らし。出会う人々は、みんなボナセーラと声をかけてくれる。人の家は丸見えだ。昨日は、隣の、夏の間だけ故郷に帰ってきたイタリア系ブラジル人のおばあさんたちが、「何か困ったら私たちに声をかけてちょうだいよ」と言ってくれた。シーツを干すおばあさんも、スクーターに乗るおじさんも、イタリア語で話しかけてくれる。そうした思い出は、立派な宿よりも、贅を尽くした食事よりも記憶に残る。

ここにはまた絶対来たい。そしてあの、透き通るような海で泳ぐんだ！

[右]宿のオーナーのジャンフランコさん＆ガブリエラさんご夫妻と、一人娘のルチアーナちゃん。
[左]ベルモンテ・カラブロの人口は約2000人。村内に多くいた漁師たちの誇りを象徴する飾りが。

Ecobelmonte, Belmonte Calabro

Ecobelmonte

HP http://www.ecovacanzebelmonte.it/it/
住所 Via Camillo Benso Conte di Cavour 65, 87033 Belmonte Calabro (CS)
電話 +39-340-3279035
アクセス ラメツィア・テルメ空港から車で約50分。または、ラメツィア・テルメ中央駅から電車でアマンテア駅まで行き（約15分）、そこから送迎サービスで約20分

MEMO 村は階段が多いので、必要なものだけを小さな鞄に詰めて訪れるのがお勧め

2 バジリカータ州マテーラ

世界遺産の町に佇む静謐なる高級洞窟ホテル

セクスタンティオ・レ・グロッテ・デッラ・チヴィタ

文＝森まゆみ

サッシと呼ばれる石灰岩の洞窟住居群が積み重なるように建つ、洞窟都市マテーラ。1993年に世界遺産登録を受けて以来観光客も増え、現在の人口は約6万人。

Sextantio Le Grotte della Civita, Matera

「世界で最も有名なアルベルゴ・ディフーゾ」として知られるセクスタンティオは、街灯もまばらな町のはずれにある。宿泊費が高額すぎたため、泣く泣く宿泊を断念。

Sextantio Le Grotte della Civita, Matera

世界遺産の町でもあるマテーラは、穴居《けっきょ》の町、つまり洞窟都市として知られている。何千年も前から、サッシと呼ばれる石灰岩の洞窟住居に人が住み着いてきた。

ここには、ミラノの実業家が経営するアルベルゴ・ディフーゾ、セクスタンティオがあるのだが、1泊700ユーロ以上の部屋しか空いていなかったので、さすがに諦めた。実際に宿泊するのはもう少しリーズナブルな洞窟ホテルにして、セクスタンティオを見学に行くことにした。

マテーラではひとつの谷筋の道を挟んで、両側に穴居の丘が続いている。それはそれはスケール感のある不思議な風景だ。私と中橋さんが泊まる宿はたやすく見つかった。宿の前に車を停めると、宿の人が荷物を下ろして、車をパーキングまで運んでくれる。私たちの部屋のドアを開けると、石灰岩の肌色の岩壁が緩やかなカーブを描いて迫ってくる。まさに穴倉の中に泊まるのである。でも部屋は広くて、モダンに改装してある。ガラスで囲まれたトイレやシャワーの裏に、まさに洞窟というような穴があり、バスタ

[上]洞窟住居を改修した、セクスタンティオのベッドルーム。
[左]極めてミニマルな、セクスタンティオの洗面所。建物の中は洞窟の暗さをそのまま残しており、ガラス窓もほとんど見当たらなかった。

ブが置いてあった。アンデルセンの『即興詩人』で森鷗外が訳した言葉を使えば、小龕《せうがん》ということになる。明るい部屋にはクーラーやテレビもあり、やや近代的すぎるようにも思うが、あまりに暗いと怖いかもしれない。テラスからは洞窟の丘が見えた。

夕方からは町を歩く。迷路のような階段を上っていくと、町のメインストリートに出た。そこには旅行者のための公衆トイレがあり、エレベーターも目立たないところにあった。ベビーカーや車椅子、自転車の人もいて、どんな人も町を見学できるようになっていた。肉屋や魚屋、文房具屋などの生活用品店もちゃんと開いていて、単なる観光都市ではないこともうかがわれた。素敵なレストランもあちこちにあったが、ご馳走には心が動かず、クラフトビールと軽い食事で済ませることにした。空豆のクロケットとフライドポテトをつまみながら、夕暮れの町を行く人たちを観察して楽しんだ。

そして、暗くなった町の陰影にまぎれて階段を下りていくと、当のセクスタンティオの前に出た。そこは町はずれの静かな地域にあり、宿は昔ながらの黒い洞窟だ。スタッフがスーツケースを運び、男女の客が入っていくところが見えた。隠れ家的な宿なのかなあ。

その後、自分の洞窟ホテルに戻って休んでいたら、朝方にクーラーが寒くて目が覚めた。明け方の町は青白い。そこに朝日が差すと、頬を染めるように、町が象牙色からオレンジ色に輝いていく。ツバメがすいすいと飛び交い、清掃車や自転車で通勤する人の姿が見える。静かだ。

午前中は、三輪タクシーで町を回ることにした。1時間10分で一人30ユーロだという。やってきたのはパオロという金髪のにいちゃんで、短パンにサングラス、長髪を後ろでお団子に結んでいる。態度はきわめてカジュアルで、携帯電話でやたらとお母さんに電話をかけている。この人、大丈夫かなと思ったくらい、運転も危なっかしい。

「僕はおじいさんの代から、この町に住んでいるんだ。仕事がないからなんでもして稼ぐ。大工仕事や、壁塗りや、レストランのウェイターもするし、こんなガイドもやるのさ」

22歳のパオロは、意外にも町の歴史をよく知っていた。

観光三輪タクシーに連れていってもらった、先史時代の洞窟跡。絶景だがちょっと怖い。

[右]マテーラの町を案内してくれた、三輪タクシー運転手のパオロ。
[左]実際に宿泊したラ・ディモラ・ディ・メテッロ(La Dimora di Metello)は、手ごろな洞窟ホテル。インテリアは大変モダンだった。

「昔の洞窟住居には動物もいて不衛生だったから、ムッソリーニが住宅改良に乗り出して、戦後には行政が住民を強制的に立ち退かせた。でも、みんな家畜の臭いと声を懐かしがったんだ。そんな貧しさの象徴だった穴居が今では世界遺産になって、観光資源になっているわけ」

僕のとっておきの場所に連れていくね、とまるで観光地化されていない穴居の丘に案内してくれた。「わーお、怖いよ」と高所恐怖症の私。「ねえ、ここに最初に住んだのは、ローマ人なの？　それともサラセン人？」と尋ねると、パオロは「原始人だよ。だって7000年も前だもん」と笑った。本当に我ながら愚問。

彼は時間を超過した後も、ATMからお金を引き出すのに付き合ってくれた。最後に「あなたは何のためにそんなに働くの？」と聞くと、「僕の将来の愛する妻と子どものために」と答えたので、私たちは感極まってしまった。

それからあらためてセクスタンティオの見学に行った。スタッフは美男美女ばかりで、とても感じのよい対応だった。洞窟ごとに一つの部屋になっており、最小限しか置かれていない木の家具や調度品は、アンティークのように渋くシンプルなものだった。照明にはロウソクも使われ、暗さを大切にしていることが分かる。近代的なものは極力排除してあり、ここではクーラーが寒くて目が覚めることはないだろう。なんだか僧院のようなミニマルでストイックな雰囲気だが、これで700ユーロ……。このほか、レセプションと食堂があり、朝も夜も中で食べられるのだそうだ。

記念日の宿とか、まったくの非日常を体験したい人にはよいかもしれない。

Sextantio Le Grotte della Civita, Matera

段差の多いマテーラの町だが、エレベーターなどもあって、意外にも観光しやすい。子どもや老人、車椅子の人の姿もよく見かけた。

Sextantio Le Grotte della Civita

HP http://legrottedellacivita.sextantio.it/
住所 Via Civita 28, 75100 Matera (MT)
電話 +39-0835-332744
アクセス バーリ空港から車で約1時間。または、バーリ駅から電車でマテーラ中央駅まで行き（約1時間30分）、そこから徒歩で約20分

MEMO 階段が多いので運動靴は必須。夜の路地は暗いので足元注意

3 プーリア州ロコロトンド

城壁に囲まれた白い町でプーリア料理を学ぶ

ソット・レ・クメルセ　文＝森まゆみ

ロコロトンドは、人口約1万4000人の小さな町。真っ白な壁と淡い薄灰色の石畳が印象的な細い路地を、自転車が通り抜ける。

Sotto le Cummerse, Locorotondo

ロコロトンドとは「丸い場所」という意味。その名の通り、かつて城壁だった場所の内側に、建物が円盤状に密集している。平地の真ん中にあるため、アクセスしやすい。

ロコロトンドはイタリア半島の長靴のかかと、プーリア州にある小さな白い町である。「イタリアの最も美しい村」協会にも加盟している。樹木に囲まれたパーキングのそばにレセプションがあり、ミシェルという女性が鍵を取って案内してくれた。荷物は、短パン姿の若い男性2人が「トゥクトゥク」（三輪自転車）で城門の中へと運んでくれる。

ここでは私と中橋さん親子で、家を一棟まるまる借りた。楽しい雰囲気の路地をくねっていくと、正面に私たちの泊まる家があった。鍵の開け方を教わったが、コツがいる。1階にベッドルームとバス・トイレ、2階にはキッチンともう一つのベッドルーム。3階は見晴らしのよいテラスになっていて、ここでも食事ができそうだ。

日の陰るころ、ここから車で10分という世界遺産の町、アルベロベッロに行く。トゥルッリという独特な円錐形の屋根を乗せた白い漆喰塗りの家々がニョキニョキと並んでいる。それがみな土産物屋になっている。中国製の土産物が多く、観光客は冷やかすだけ。店の主人は売れないのでやる気のない雰囲気。やや観光地

森さんと中橋さん親子とで、3階建ての家を1棟借りて宿泊。
[上]3階にある広いテラス。ワインを飲んでもよさそう。
[下]2階にはキッチンとリビングのほか、ベッドルームもある。

ソット・レ・クメルセのレセプションから泊まる家までは、三輪自転車で若いスタッフが嬉しそうに荷物を運んでくれた。

Sotto le Cummerse,
Locorotondo

とんがり屋根の「トゥルッリ」で知られる世界遺産の町、アルベロベッロへは車で約10分。同じようなものを売る土産物屋が並んでいた。

［右］オーナー兼経営者のタニアさん。お父さんがはじめた宿を、少しずつ大きくしている。
［左上］ジュゼッピーナさんによる料理レッスン。牛肉にチーズとパセリを挟み、最後にトマトソースで煮込む、マンマの味。
［左下］そのほか、パン粉とパルメザンチーズの揚げ団子や、耳たぶ形パスタのトマトソース煮込みも、完成！

化が過ぎ、がっかり。

今夜はせっかく借りた家でのんびりしたい。町でハムとツナ缶を買い、パンとチーズとともに家で夕食をとった。食器などの備品は揃っており、その方が気兼ねもない。夕食の後、町の方に出ると、路地のレストランでは人々が笑いさざめき、ワインを注ぎ合い、子どもたちが道で遊んでいる。暑いけどクーラーを備えた家は少ないので、夕涼みという感じ。

2日目の朝は、8時に宿が経営しているバールに行って朝ごはん。大好きなスプレムータ（生オレンジジュース）があった。ケーキもクロワッサンも、手作りのようでおいしい。このバールは地域住民にも開かれている。

9時半にレセプションで、スラリとした27歳のタニアさんに話を聞く。

「このアルベルゴ・ディフーゾをはじめたのは不動産業をしていた父です。空き家の改装の際に持ち主と交渉するうち、これらを宿にすることを思いつきました。今までに11の家を買い上げ、改修して22のベッドルームを持っています。お客様はドイツや北欧の人が多く、要望が多いので自転車の貸出もはじめました。郷土

夕食後には、夕涼みに町を散歩。住民になったような気分で、路地の椅子に座ってみる。

料理を出すレストランとピッツェリア、グリルの店も経営していて、バールは開業してまだ1ヶ月。私たちの宿ができ、この町に来る人は飛躍的に増えました」

トラブルはいっぱいあるという。私たちも昨日は鍵の開閉がうまくいかなかった。ガス台も4つのうち1つしかつかなかった。夜、ドライヤーを使ったらヒューズが飛んだ。スタッフが来てくれるまでも時間がかかる。こういうトラブルをハプニングと楽しめる人でなければ、アルベルゴ・ディフーゾには泊まれないかもしれない。

朝10時半になると料理を教えてくれるジュゼッピーナさんが来て、勝手に部屋の鍵を開けて荷物を運びいれ、クッキング教室がはじまった。とはいえ大体のことは彼女がしてくれる。牛肉のトマト煮込みと、パン粉とパルメザンチーズの団子を揚げたもの、そして手作りオレッキエッテ（耳たぶ形のパスタ）のトマトソース煮込みを、次々と作ってくれた。「娘には料理を仕込んである。息子の嫁にもね」と自信満々のマンマだ。料理が終わると彼女はさっさと帰っていった。私たちは半分平らげ、半分は夜に食べることにした。

お腹いっぱいになって日盛りの中、風に当たって寝ていると、3時前にピンポンが鳴った。マッサージの女性が、簡易ベッドを持ってやって来たのだ。こうなったらなんでも試してみよう。オイルでマッサージしてもらうと、とっても気持ちがいい。1時間以上で30ユーロは高くない。さらに4時過ぎ、隣のスタジオに行って髪の毛を切る。旅先で髪を切るのは私の趣味。くるくるパーマの若い男性美容師は、手作りの台を回しながらシャンプーし、それから踊りながらハサミでカット。かなり手荒だけど、出来はまずまず。これで40ユーロ。まさに、暮らすように泊まっている。

夕方、車で15分くらいのところにマルティーナ・フランカというバロック様式の町並みがあるというので、車で出かける。町中にいる優しい顔のおじいさんとおばあさんを見ていたら、人生を誠実に生きてきた証しが穏やかな顔に現れているように思えて、涙が出そうになった。夜は昼の残りを食べながらおしゃべり。そしてまた夕涼みにロコロトンドの町をぐるりと回り、ぐっすり眠る。

3日目。朝5時過ぎに蚊が出て目が覚め、屋上に行って瓦屋根の家々をずっと見ていた。再び眠って起きたのは9時近く。遅い朝食に行くと、タニアさんのお母さんであるふくよかで悠然としたマダムが、ターコイズブルーのロングドレスで現れた。はるばる日本から、と握手する。昨日料理を教えてくれたジュゼッピーナさんは、今日は白い制服で清掃係としてテキパキと働いている。「工場で働いていたけど、化繊に押されてイタリアの繊維工業はダメになった。それでここで働いているの」と教えてくれた。

2泊したから、いろんな体験ができた。夜、宿の経営するレストランに行けなかったのは残念。とってもおいしそうだったのに。この次は1週間くらいいたいな、ここに。

朝食は宿が経営するバールで。可愛らしく並べられた朝食はすべて手作り。地元の人々もよく来るという。

Sotto le Cummerse, Locorotondo

Sotto le Cummerse

HP http://www.sottolecummerse.it/
住所 Via Vittorio Veneto 138, 70010 Locorotondo (BA)
電話 +39-080-4313298
アクセス バーリ空港から車で約1時間。または、バーリ中央駅から電車でロコロトンド駅まで行き（約2時間）、そこから徒歩で約15分

MEMO 海も近く、周辺に可愛い村が点在しているので、足を延ばしてみても

4 プーリア州モノポリ

騒音だってまた楽し、路地からすぐの港町の宿

アルベルゴ・ディフーゾ・モノポリ

文＝森まゆみ

Albergo Diffuso Monopoli, Monopoli

モノポリは、長靴にたとえられるイタリア半島のアキレス腱のところにある海辺の町である。名前は平凡だが覚えやすい。よく似た名前のゲームがあるし。

中橋さんの運転で町に着いて、海辺のパーキングから宿に電話をかけると、セルジョさんというおじさんが小さな三輪自動車で迎えに来てくれた。レセプションに着くと、早速カフェ・フレッド（濃いアイスコーヒー）を出してくれる。

挨拶に出てきたオーナーのアルフレッドさんは40歳だという。

「7年前にアルベルゴ・ディフーゾの宿を思いつきましたが、お金もないので、友人4人に出資してもらいました。最初は祖母の家を改装して客室にしましたが、今では24部屋あります。この町には大きなホテルがなくB&Bの違法営業も多かったけど、この宿ができてから、町が注目されはじめた。

海が近くて魚料理がおいしいので、気に入って毎年1週間くらい泊まる人もいるね。3軒のレストランと提携していて、宿泊客は10パーセント引きで食べられます。今はマッサージのついたスパを計画中で、バールも手狭になったのでなんとかしたい。町の人も来るからね」

元気のいい23歳のサブリーナさんの案内で、あちこちに散在する部屋を見せてもらう。「この家は一棟貸しです。1階がリビング、2階が寝室、3階がテラスという造り。ちょっと段差もあって、友人同士のグループ旅行が多いかしら。隣の家はロマンチックな内装なので、新婚旅行のカップルにぴったり。でも今は不動産が高くなって、買うのも借りるのも大変です」。英語が上手なのは、幼いころニューヨークに4年間いたかららしい。

私の部屋の並びに、おしゃれでモダンな提携レストランがあったので、そこに入る。きりっと冷えたロゼが喉に嬉しい。この町ではジャガイモとムール貝のリゾットのオーブン焼き、ティエッラが名物だそうだ。海の幸のパスタも、味がしっかり付いていて実においしかった。アルベルゴ・ディフーゾでこのレストランをすすめられたと言うと、食後のコーヒーまでサービスしてくれた。

中橋さん親子が帰っていき、私は近くの海に行く。部屋の前の家のおばさんが、「この先の広場をまっすぐ行けば海よ」

漁師が経営する昔ながらの魚介レストランで、見せてもらった、大量の生ウニ。プーリア州はイタリアでは珍しく魚介類を生で食べる習慣があり、シーフード好きの天国。

モノポリは、人口約4万9000人の歴史ある港町。町はかつての城壁の中にあり、城壁の外に出ると海水浴客で賑わう青い海が広がっている。町から海まで徒歩圏内なのも嬉しい。

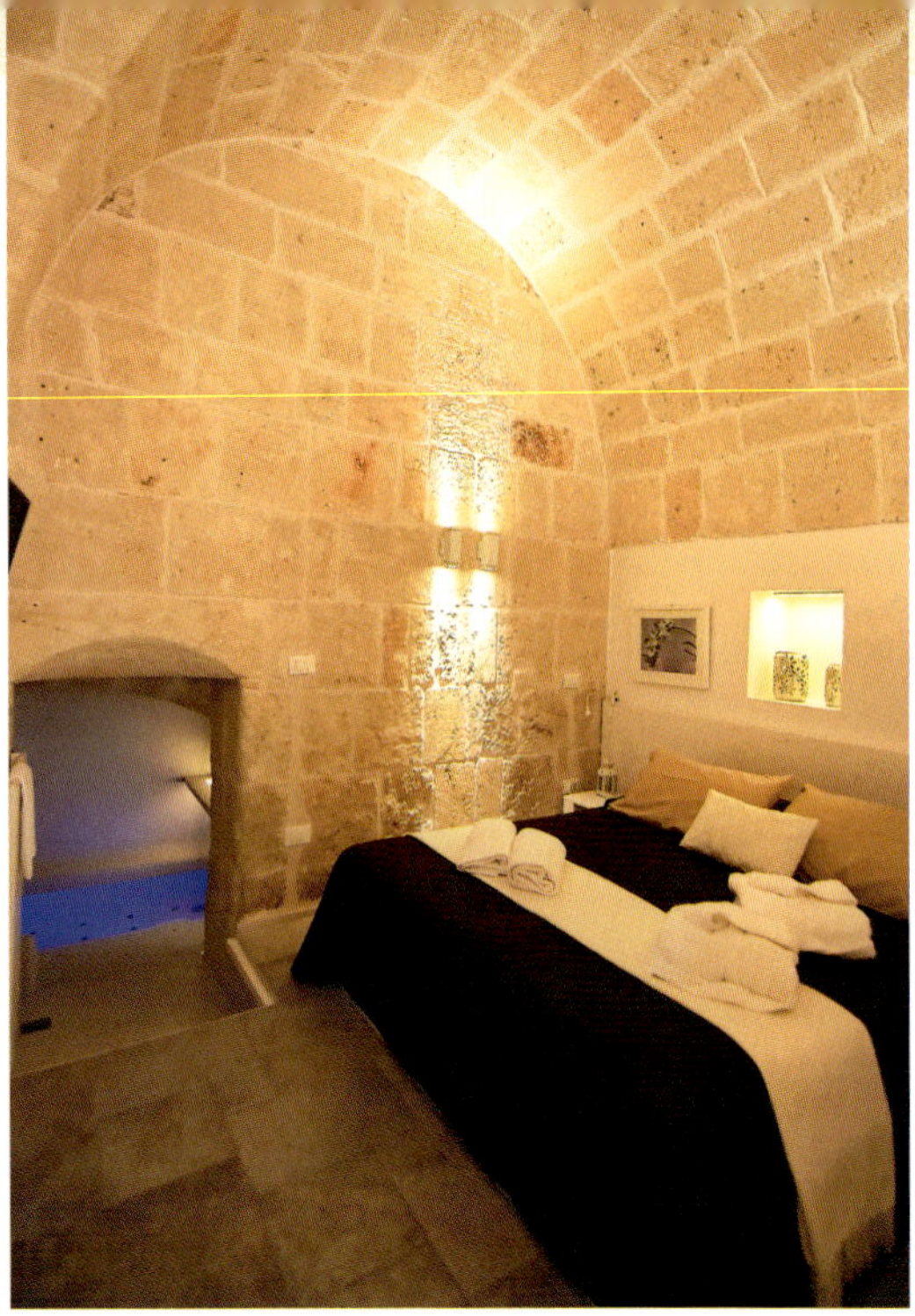

[上]アルベルゴ・ディフーゾ・モノポリの、森さんが泊まった客室。
[左上]部屋の奥まった一角にある小さなジャグジー。照明は青や赤に変化する。
[左下]泊まった部屋は路地に面していたため、生活音が凄まじい。夜の散歩に出ると、通りはなかなかの賑わいで、子どもたちの姿も多く見かけた。

Albergo Diffuso Monopoli, Monopoli

と教えてくれる。海へ続く通りには、教会も観光客も多かった。でも海はあまりきれいとはいえない。水が濁っている。30分ほど地元の人に混じって泳いでから、町をぐるっと回って帰る。レセプションを通らず、勝手に道に面した家の鍵を開けて町に出て、また部屋に戻ってくるというのは新鮮。住民になった気分だ。

私の部屋は道に面した1階で、そう広くはないがとても素敵だった。キッチンとリビングがあり、仕切りの奥に大きなベッドがある。さらに奥の天井が低くなった穴のようなところに、小さなプールのようなジャグジーがついているのがユニークだ。早速入ってみる。塩を体にこすりつけて温かい泡風呂につかっていると、本当にリラックスできた。

部屋にいるのが楽しくて、夜はレストランに行かず、持ち込んだワインやチーズ、パンを食べてゆっくり本を読む。しかしあまりに往来が近すぎて、通りの騒音が響く。隣の家で鍵を開ける音や、子どもの遊ぶ声、犬の吠える声まで、すべて聞こえてしまうのだ。

耐えきれなくて、というよりも寝るのも惜しくなり、町の探検に出た。私がいるのはとても繁華な通りからちょっと入ったところで、通りに出ると夜遅くまで路上で楽しむ人々がたくさんいた。ワインバーやピッツェリア、ジェラテリア、パニーニ屋さんなどがあり、混雑している。ひと回りしたら、もう夜中の12時半。部屋に戻り、またジャグジーに入った。

　翌日の朝ご飯はレセプションに併設のバールで、スタッフはシルカさんという親切な女の子だった。ブリオッシュ、ベーコン、卵に、スイカと生野菜つき。2日目は、一人で足を延ばしてポリニャーノ・ア・マーレという町の、断崖絶壁の海に電車で行く。駅から少し歩き、波しぶきがザブーンと入ってくる天然のプールに入って泳いだ。確かにすばらしい海だったが、周辺はモノポリよりも相当観光地化していた。

　夕方、家にとりあえず帰って、また海に泳ぎに行くつもりだったが、面倒になりジャグジーに入ってから夕寝。起きたら夜7時を過ぎていたので、昨日とは別の提携レストランに行き、2階のベランダから飽かずにピンク色の夕焼けを見ていた。イタリアの夏は夜10時ごろようやく日が暮れる。同宿の中国人夫婦もいて、いかにもお金持ちそう。英語も得意で、何皿も頼んでワインを飲んでいる。

　2晩目もまた、騒音に悩まされて眠れなかった。上の階でトイレだろうか、しょっちゅう水を流す音がコウモリ天井（ヴォールト天井）にこだまする。さらに往来でひどいケンカがあり、子どもが泣きわめいていた。何の音だろう、誰がたてている音だろう。私は音を楽しむことにした。

　チェックアウトの担当は陽気なサブリーナさん。朝食を食べてから宿代を払うと、セルジョさんが三輪自動車で私の部屋の前まで来てくれた。そして最初のパーキングまで乗せてもらうと、バーリ空港まで私を送る車が待っていた。70ユーロで空港まで送ってもらえるのは、女の一人旅にとっては安全安心。また泊まりたい宿である。

［上］アルベルゴ・ディフーゾ・モノポリのオーナーのアルフレッドさんと、受付担当のサブリーナさん。夏にはほぼ満室になる人気の宿だ。
［下］モノポリから電車に乗って、隣町のポリニャーノ・ア・マーレへ。岩で囲まれた大自然のプールを楽しんだ。

Albergo Diffuso Monopoli

HP http://www.albergodiffusomonopoli.it/
住所 Via Chiasso Carmelano 1, 70043 Monopoli (BA)
電話 +39-080-9678594
アクセス バーリ空港から車で約1時間。または、バーリ駅から電車でモノポリ駅まで行き（約40分）、そこから徒歩で約20分

MEMO 海水浴に食事、ショッピングまで、すべてが楽しめる町。夜も散歩に出かけよう！

ボルゴ・ディ・カステルヴェーテレは、10世紀頃につくられた中世の城の中にあるアルベルゴ・ディフーゾ。鉢植えの花が多く飾られた可愛らしい中庭を取り囲むように、部屋が並んでいる。

5 カンパーニャ州カステルヴェーテレ・スル・カローレ

女性が輝く村にある要塞のような古城の宿

ボルゴ・ディ・カステルヴェーテレ

文=中橋恵

Borgo di Castelvetere, Castelvetere sul Calore

[右]こちらは4人で泊まれる部屋。ロフトやキッチンも付いて、広さは十分。
[左]カステルヴェーテレ・スル・カローレは、人口約1600人の小さな村。村は小高い山の頂きにあり、宿泊した部屋の窓からは、自然豊かな光景が見えた。

カオスに満ちたナポリの雑踏を離れ、車で東へ走り続けると、あたりは徐々に鮮やかな緑の山の風景へと変わっていく。目指すは、山奥にあるカステルヴェーテレ・スル・カローレ村だ。村名は直訳すると「カローレ川にあるヴェーテレ城」となる。この村を訪れるのも、もう何度目になるだろうか。

村の入口に車を停めて、村で最も古い地区を目指して歩くと、ときおり住民たちの視線を感じた。向こうからは話しかけてこないが、こちらから挨拶すると「ボンジョルノ！」と返ってくる。

宿泊予定のボルゴ・ディ・カステルヴェーテレは、10世紀に建設された城を中心とした古い地区の中にある。城の素朴な外観は、むしろ小さな要塞といった方がよい。城の中庭を取り囲むようにして並ぶ客室へは、外階段を上ったり下りたりしてアクセスするが、これが大人でもワクワクする空間だ。

レストランと朝食ルームは、部屋から坂を上がるとすぐだ。夏には、見晴らしのいいテラス席で朝食をとることもできる。また、レストランの前には小さな広場があり、夜にはここでワインと食事を楽しめる。この外部の空間が、居間のような雰囲気で心地よい。隣に座ったイタリア人とも楽しいおしゃべりがはじまりそうだ。近くにはコンベンションルームがあって、結婚式や会議でも頻繁に利用されているという。

午後から、この村で一番大きなお祭りが行なわれるというので、さっそく出かけた。かつて天からのお告げを聞いたという老女にちなんだ、毎年4月に開催されるお祭りだ。少女たちが聖母に扮して、小さなパンを村中の家々に配る。金のネックレスをありったけ首につけた少女たちは、村人に福をもたらすとされる。村の男たちの護衛を受けながら歩く光景に、祭りでは女性が主役なのだと感じた。

もう一つ忘れてならないのは、村の周辺でつくられているタウラージと呼ばれる赤ワインである。イタリアワインで最も高い格付けである統制保証付原産地呼称ワイン（D.O.C.G.）に、イタリア南部で初めて認可された。タンニンも豊富で深みがあり、濃厚な香りがする。付近のタウラージ村にあるワイナリーのアント

［右］毎年4月に行なわれる村一番のお祭り、「フェスタ・デッラ・マドンナ・デッレ・グラツィエ（慈愛の聖母の祭り）」。聖母に扮した女の子が、頭上の籠に入れたパンを配って歩く。
［上］宿のレストランを仕切るマルシアさん。

Borgo di Castelvetere,
Castelvetere sul Calore

ニオ・カッジャーノでは、昔からの洞窟を利用したワイナリーの横に、大規模な工場を併設している。ここでは見学ツアーや試飲ができるが、ぶどう狩りを体験できるところもあるそうだ。

　ボルゴ・ディ・カステルヴェーテレの中にも、20代のマルシアさんが経営するレストラン兼ワインバーがある。イタリア中のワインを揃えており、地元の料理をセンスよく出してくれる。マルシアさんのお母さんが料理をつくり、週末は弟とお父さんもお皿を運ぶのを手伝っている。こんな小さな村でよくぞ、というようなお洒落な料理ばかりなので、ぜひ試して欲しい。

　アルベルゴ・ディフーゾのある古い地区には住民もいるが、観光客にはまだ慣れていないようだ。過疎化が進むこの村から出ていくことはあれど、わざわざ他所から観光に来るなんて、信じられないのだろう。

　以前、4月のお祭りに日本人の知り合いと一緒に来たところ、住民の男性が控え目に話しかけてきて「なぜ君たちのような日本人が、わざわざこの村に来てくれたのか分からないが、とても嬉しい」

[右]村の一帯は、アリアニコ種を使ったタウラージという赤ワインで知られている。
村内のワイナリーを見学後に、併設されたショップでワインやおつまみを購入。
[左]朝食は、宿が経営するレストランのテラス席で。すべて手作りで、絶品！

と言うので驚いた。こんなに美しい村があって、すばらしいワインも生産しているのに、住民たちはまだその魅力に自信が持てないようだ。見せたいという気持ちがないと、村は魅力的にならない。外からの観光客がもっと来て、よいところを褒めちぎってあげると、さらに美しさを増しそうである。

宿泊業務責任者であるガエターナさんは、以前はパートとして働いていた。無口な印象だったが、何度も訪れるうちに、「私も2人の子どもがいるのよ」と話しかけてくれるようになった。2017年に前経営者が急逝した際には、宿が閉鎖されてしまうのではと心配したが、ガエターナさんが中心となって再スタートしたと聞いて嬉しかった。レストランはマルシアさんが担当し、内装やサービスもより洗練された。

女性2人による新しいチームで、宿は見事に復活。まさに、女性は福をもたらすという言い伝え通りなのだ。

2017年から宿を経営するガエターナさん。前経営者の後を継ぎ、マルシアさんとともに女性2人で宿を切り盛りする。

Borgo di Castelvetere

HP http://www.borgodicastelvetere.it/
住所 Via Castello 1, 83040 Castelvetere sul Calore (AV)
電話 +39-0827-65300
アクセス ナポリから車で約1時間15分

MEMO 地元食材いっぱいの手作りの朝食は必食！

6 サルデーニャ州バレッサ

サルデーニャの暮らしと魅力がいっぱいの宿

イル・マンドルロ

文＝中橋恵

Il Mandorlo, Baressa

サルデーニャ島は、イタリアの中にある別の国といってもいいほど、本土とは異なる独自の文化をもつ島だ。住民の性格も控えめなところが、何となく日本と似ている。ここで紹介するアルベルゴ・ディフーゾ、イル・マンドルロは、そんな島の魅力に触れることのできる宿だ。

飛行機で、まずは州都であるカリアリに入る。島の南端にあるカリアリ・エルマス空港に向けて、機体は長らく海の上を飛んでいたが、もうじき着陸という頃になって、眼下に一面の塩田が広がった。シリアからエジプトの地中海沿岸を中心に都市国家をつくっていたフェニキア人は、紀元前12世紀頃から北アフリカやサルデーニャにまで領土を広げた。そのとき伝わったという塩づくりが、現在も昔ながらの方法で続けられているのだ。工場でつくられる塩とは違って、甘くて深い味がするという。

サルデーニャ島というと、1960年代以降に観光用に開発された島北部の海辺のリゾートを思い浮かべる人が多いが、内陸部にこそ、本来のサルデーニャ文化がたっぷり詰まっている。羊や牛の放牧もあちこちで見られ、ペコリーノ・サルドと呼ばれる羊乳チーズも有名だ。

また島には、ヌラーゲと呼ばれる巨大な石造建造物が、内陸部を中心に7000近くも残っている。先史時代につくられたものだが、墓ではないかという説は最近覆され、要塞や神聖な儀式を行なう場所として使用されていたという説が有力となった。先史時代の人たちも、海より山や丘を生活や文化の基盤としていたのだから、内陸部にお宝がいっぱいなのは間違いない。

カリアリから島の中南部へ向けて車で北上し、イル・マンドルロのあるバレッサという小さな村を目指す。丘陵地帯を1時間ほど走ったところにある農村集落の中に、低い石垣で囲まれた宿の入口を発見した。はにかんだような笑顔が印象的な経営者のソニアさんが、「この村はアーモンド栽培で知られていて、イル・マンドルロもアーモンドの木という意味なの」と教えてくれた。毎年9月にはアーモンドの収穫祭もあり、民族衣装に身を包んだ村人が歌い踊るらしい。

イル・マンドルロの客室は、サルデーニャ島の女性が手作りした伝統的なリネン類で統一されている。手織りの布は、どこか北アフリカの雰囲気が漂う。

[右]イル・マンドルロの外観。かつて家畜を飼っていたスペースが、いまでは中庭に。
[左]手織りの布は、模様がポコポコと立体的なのが特徴。

[右]アーモンドの産地として名高いバレッサは、人口約650人の小さな村。春には桜にも似たアーモンドの花が見られる。

[左]イル・マンドルロにも、地元のアーモンドを使った可愛らしいお菓子が。

[下右]フレーグラという伝統的な粒状パスタを勧めてくれる、経営者のソニアさん。

[下左]島内に数多く残る要塞のような石造りの遺跡・ヌラーゲ。世界遺産にも登録されているバルーミニ村のスー・ヌラージ遺跡へも、車で約15分で行ける(写真は島北部のサントゥ・アンティネのヌラーゲ)。

客室や朝食ルームが一つにまとまったメインの建物は、19世紀末頃につくられた住宅をリノベーションしたものだという。10部屋すべてに、サルデーニャの伝統工芸である結び刺繍を施した壁掛けや、手織りのリネンが使われている。赤色のアクセントが特徴的な籠も飾られ、その素朴な可愛らしさに気持ちがなごむ。すべて、土地の女性たちの手作りだという。たとえ地味でも、伝統的な建築の中で地域の文化や生活を感じることができるような、等身大の宿が私は好きだ。

このあたりは古代からの重要な農業地帯で、地元産の小麦を使ったフレーグラと呼ばれる粒状のパスタが名物らしい。ソニアさんのお祖母さんは手で混ぜてつくっていたという。小麦粉と水を混ぜて小さなだまをつくるやり方は、北アフリカのクスクスとほぼ同じだそうだ。食べてみると、ご飯粒よりは大きく、パスタにしては小さい食感で、口の中でどのように噛んでいいのか戸惑った。

せっかくなので、イル・マンドルロから車で1時間ぐらいのところにある宿をもう一つ紹介したい。アンティーカ・ディモーラ・デル・グルッチョーネという

サルデーニャ島内には十数軒のアルベルゴ・ディフーゾがあり、こちらはアンティーカ・ディモーラ・デル・グルッチョーネ(Antica Dimora del Gruccione)の客室。

アルベルゴ・ディフーゾである。古い住宅を改修し、あたたかい雰囲気にまとめてある。アーチや梁などの構造はそのまま残して、もともとあった雰囲気を失わないように配慮したという。お母さんであるガブリエッラさんがはじめた宿を、いまはミラノから戻ってきた娘のルチッラさんが中心となって経営している。スローフードや地産地消をテーマにしたレストランとしても名が知られていて、優秀な女性シェフ、サラさんが創作する品のよいメニューはぜひ試したい。ルチッラさんら若い世代のチームワークもとてもいい。

ルチッラさんは、「島北部のリゾートは本当のサルデーニャではないの。こうやって昔からの暮らしがあるところにこそ、私たちの本当の姿があるのよ。アルベルゴ・ディフーゾをやってよかったのは、自分のルーツに誇りを持てるようになったこと」という。

本当にその通り。地域を再生させるのは、人々の誇りなのだ。

アンティーカ・ディモーラ・デル・グルッチョーネの中庭。夏にはここでコンサートなども開かれる。

Il Mandorlo, Baressa

Il Mandorlo

HP http://www.albergodiffusoilmandorlo.it/
住所 Via Is Tellaias 13, 09090 Baressa (OR)
電話 +39-393-9047185（携帯電話）
アクセス カリアリ・エルマス空港から車で約1時間

MEMO 経営者のソニアさんはエンジニアで、建物も自分で改修したとか

アクアエ・シニスの建物内にある庭園。アメリカ人ガーデナーの設計でたくさんの花や植物が植えられ、まるで楽園のよう。

7 サルデーニャ州カブラス

ラグーンの村にある自転車愛好家が集まる宿

アクアエ・シニス

文=中橋恵

Aquae Sinis, Cabras

前項のイル・マンドルロを車で出発し、海のある北西方向に進むこと約50分。次第に、周囲は川や潟湖《せきこ》が広がる湿地帯へと変わり、やがてオリスターノ湾という大きな湾へ出た。このあたりには、貴重な動植物の生態系が残っており、湿地帯の環境を守るラムサール条約にも登録されている。小さな潟が無数にあるが、30平方キロメートル以上の面積をもつスターニョ・ディ・カブラスは、その中で一番大きな潟湖である。この湖に面したカブラスという漁村に、アクアエ・シニスというアルベルゴ・ディフーゾがある。

村の中心部に到着したとき、何と殺風景なところに来たのかと戸惑った。道路沿いに並ぶ平屋の住宅は、窓が閉ざされたままのものが多く、何となく乾いた南米の小都市を思い起こさせる。その中に、アクアエ・シニスのメインの建物や宿泊棟が点在している。少し緊張しながらレセプションを訪ねると、黒髪の美しい女性が少し恥ずかしそうに出迎えてくれたので、なんだかほっとした。サルデーニャには黒髪の人が多く、みなイタリア人とは思えないぐらいシャイだ。

早速オーナーのロッサーナさんが、客室をいくつか見せてくれた。どの部屋も外観は質素だが、内部は美しくコンパクトにリノベーションされている。旦那さんのピエールルイージさんが建築家なので、随分こだわってデザインしたのだそうだ。どの部屋も、アメリカ人ガーデナーに設計してもらったという裏庭とつながっていて、何十種類もの花や植物が咲き乱れていた。広いプールもあり、北ヨーロッパからの宿泊客がくつろいでいる。一見すると殺風景な町並みの奥に、楽園のような世界が広がっていたとは。ここでは、人も家も、美しいものは何でも奥に隠れているのかもしれない。

レセプションのあるメインの建物には、バールがある。地元の特産品が並んで売られていて、私も早速、この地方のワインと、イカスミのフレーグラ（粒状パスタ）を買い込んだ。小さな生産者がつくる地元の食品は、その土地でしか手に入らない。

朝食は屋上のテラスでとることになっていた。花や植物が飾られたテラスからは向かいの広場と教会が間近に見え、開放感いっぱいだ。

サルデーニャは、自転車愛好家の集まる島としても知られている。全国規模のジロ・デ・イタリアとは別に、ジロ・ディ・サルデーニャと呼ばれる自転車競技大会を1950年代から独自に開催してきた。夏には国道で、小さくまとめた荷物を積んで一生懸命自転車をこいでいる

[上]伝統とモダンをミックスさせたインテリアの客室。
[中]広いプールを備えた宿泊棟も。プールサイドの椅子でのんびり過ごしたい。
[下]レセプション係の女性。サルデーニャは黒髪の人が多いので、東洋人には親しみやすい。

[右]サイクリング愛好者のための宿として知られ、広い専用駐輪場も。
[左上]宿の周辺にはサイクリングロードがいっぱい。
[左下]カブラスの人口は約9200人。珍しい水鳥が生息する巨大な潟湖、スターニョ・ディ・カブラスに面している。

[右]オリスターノ湾にあるレストランで、シーフードを堪能。

どれもボリュームたっぷりなので、注文のしすぎに注意。

[下]名物であるボッタルガ(カラスミ)のペースト。これだけでワインがどんどん進む、危険な味わい。

フランス人を時々見かける。自転車ごとマルセイユから船に乗り、コルシカ島経由で来たのだろう。さすがに坂道は厳しいようで、自転車から降りてヒッチハイクをしている場面にも出くわした。

この宿も、自転車愛好家のための設備が充実している。駐輪場スペースは広くとられ、貸し自転車は大人用も子ども用も揃っていた。汗をかいたサイクリストがゆっくり休めるように、サウナやスパもある。

宿のスタッフは、みな周辺のサイクリングロードに詳しい。私もレセプションの女性に勧められ、オリスターノ湾を自転車でぐるりと回ってみることにした。見どころは豊富だ。海で泳ぎたい人には透き通った海があるし、歴史好きな人は紀元前8世紀頃につくられた町、タロスの遺跡を見学できる。食いしん坊が最も興味をひかれるのはボラ漁だろう。ここは、イタリアでも有数のボッタルガ（カラスミ）の産地なのだ。

紀元前に北アフリカやギリシアからやってきたフェニキア人も、その次にやってきたローマ人も、ボッタルガを好んで食したという。サイクリングの途中、ボラ漁の拠点だった漁師の集落跡が保存されているのを見つけた。夏の終わりには、漁を見学できることもあるそうだ。

ボラ料理が売りのレストランも多くあり、私もボッタルガを何度も堪能した。注文しなくても出てくるペースト状のボッタルガを、パーネ・カラザウというサルデーニャ特有の薄いパンに載せる。それを果実の香りたっぷりの地元の白ワイン・カルミスと一緒にいただくと、サルデーニャ島西部の文化が口いっぱいに広がった。

[右]宿の中にあるショップで、サルデーニャ特産のフレーグラ(粒状パスタ)とワインを購入。
[左]サルデーニャでは、猫もどことなく恥ずかしがり屋。

Aquae Sinis, Cabras

Aquae Sinis

HP http://www.aquaesinis.it/it/259/HOME.html
住所 Via C. Battisti 44, 09072 Cabras (OR)
電話 +39-0783-1856050
アクセス カリアリ・エルマス空港から車で約1時間20分

MEMO 宿にはスパもあり、疲れた体を癒したい

column

町の食堂で、なに食べよう？

食堂施設のないアルベルゴ・ディフーゾでは、宿の人が近くにあるオススメの食堂を教えてくれる。イタリアの食堂は、白いテーブルクロスがかけられ、蝶ネクタイのウェイターがいる高級店の「リストランテ」から、もう少し気軽な町の食堂「トラットリア」「オステリア」「クッチーナ」「タベルナ」まで、ランクに応じて呼び名が違う。予算と雰囲気によって使い分けたい。イタリア人は外食が好きで、小さな町の食堂には、夜になると三々五々おしゃれをした人々が集まってくる。食事やワインはもちろん、おしゃべりを何よりの楽しみにしていて、かなり騒々しい。

食堂に入ったら、店の人が席に案内するまで、入口で待つのが普通だ。席についてもなかなかメニューを持ってこない、メニューは来たけど注文を取りにこないと、イライラするかも。ここはイタリア流にゆったりと構えましょう。以前オルヴィエートで会ったスローシティ協会の会長に、「今日は大変申し訳ないが、この後用事があるので、みなさんとの食事に1時間半しかお付き合いできません」と謝られたこともあったほど。ランチが3時間というのもザラだ。食事よりも、観光や町歩きを優先させたいなら、昼はリストランテに入らないほうがよいだろう。

メニューは、アンティパスト（前菜）、プリモ・ピアット（パスタ、リゾット、スープ）、セコンド・ピアット（肉や魚のメインの料理）、ドルチェ（デザート）、飲み物に分かれている。ただ、なんでも量が多く、私は前菜とプリモで満腹になってしまって、いつもセコンドまで行き着かない。でも、それでいいような。イタリアのパスタは得もいわれぬおいしさだが、セコンドは大抵、大きな肉を焼いたステーキとか魚のグリルとかで、それほどでもない。パスタは、日本で見かける細長いスパゲッティ以外にも、オレッキエッテ（耳たぶ形のパスタ）やタリアテッレ（幅広のパスタ）、ブカティーニ（筒状のパスタ）など、たくさんの種類がある。パスタ・フレスカと呼ばれる生麺も大変おいしい。

ワインは、グラスやデカンタ、ボトルなど、好みの量で注文することができる。グラスで注文してもなみなみと注いでくれるので、ランチならグラス1杯で十分満足。必ず水も大瓶で頼む。ガス入りとガスなしがあるが、私は冷たいガス入りが好き。とびきりおいしいのが、スプレムータという生絞りのオレンジジュースだ。絞りたての本物の酸味が喉に快い。街角でも売っているので、ぜひ試してほしい。

［森まゆみ］

column

のんびり夜型な、イタリア時間

イタリアを旅行するのなら、イタリア人の一日の過ごし方を頭に入れておこう。

イタリア人は、仕事のない日の午前中には広場やバールなど、人が集まるところへ行くのが好きだ。友達や近所の人と挨拶を交わしてベンチで談笑する光景をよく見かける。バールのテラス席で道行く人を眺めながら、コーヒーや食前酒を飲む人もいる。昼食を食べた後は、自宅のソファやベッドで、テレビを見たり読書をしたりしてゆっくり休む。16時半ぐらいになると、また外へ出かけて、夕食前まで散歩をして、おしゃべりをする。働く人も、昼には一旦自宅に戻って昼食をとり、少し休んでからまた会社に戻るというスタイルが、特に小さな町や村には多く見られる。

夏には、時間帯が少しずれる。涼しい早朝に海や川、山歩きに出かけ、気温が上昇する午後は自宅でのんびり過ごして、18時ぐらいまで人は外に出てこない。そして夏の夜は、イタリア人が何よりも楽しみな時間だ。シャワーを浴びてお洒落な格好に着替え、外に繰り出す。レストランは20時にオープンすることが多いが、外国人観光客が来ている町や村なら、少なくとも19時半には開いていることが多い。食事が終わると、夜景のきれいなスポットや、多くの人で賑わう広場などを目指して散歩をする。その後もジェラートを食べたり、食後のコーヒーをバールで立ち飲みしたり。少し大きめの町になると、夏の夜には露店や移動遊園地が並び、広場で映画の上映やコンサートが開かれることもある。訪れたら、ぜひ夏の夜の散歩を楽しんで欲しい。

夜に散歩をするイタリア人の中には、小さな子どもを連れた家族も多い。初めて見る人は驚くかもしれない。小さい頃から、家に一人で残るよりも、皆と過ごすのがよいと教えられて育つ。小さな町や村なら、中学生や小学生だけで夜に出歩いていることもある。南イタリアでは、広場には夜0時頃までサッカーをする少年たちがいるだろう。イタリアの学校は、6月上旬から9月上旬までの3ヶ月間は夏休みなので、特にこの時期には子どもたちはすっかり夜型になってしまう。日本人からすれば仰天の光景かもしれないが、昼間は暑くて外で遊べないから仕方ないじゃないかというのが、イタリア人の説明である。

中学校に入るか入らないかぐらいの女の子たちも、少しセクシーな格好をして、グループで夜道を歩いている。これも日本人の目には奇異に映るかもしれないが、そうやって自分をアピールして、大人の女性になっていくのである。

［中橋恵］

8 モリーゼ州コッレ・ダンキーゼ

元発電所が蘇った水と自然と美食の楽園

ラ・ピアーナ・デイ・ムリーニ

文＝中橋恵

豊かな自然に囲まれたコッレ・ダンキーゼは、人口約800人の小さな農村。そこから少し離れた広大な庭園の中に、水力発電施設を再利用したアルベルゴ・ディフーゾがひっそりと佇む。

La Piana dei Mulini, Colle d'Anchise

宿の近くにはビフェルノ川が流れ、夏にはカヌーやスポーツフィッシングに訪れる人たちで賑わう。

オーナーで経営者のミケーレさん（左から2番目）と、地元の若いスタッフ。

モリーゼ州は、ナポリとローマの間の山地に位置する小さな州だ。ユネスコの世界遺産もなく、観光地としてのイメージが湧かなかった。しかし、一度訪問したら自然豊かなこの地域の虜になり、その後何度も足を運ぶこととなった。

中でも、山深いコッレ・ダンキーゼ村の外れにあるラ・ピアーナ・デイ・ムリーニは、美しい山岳風景と湖や川からなる幻想的な景色の中にひっそりと建つ、アルベルゴ・ディフーゾだ。レセプションに向かうと、すぐに経営者であるミケーレさんが出てきて歓迎してくれた。ウエルカムドリンクをいただき、広大な敷地内を案内してもらう。

ラ・ピアーナ・デイ・ムリーニとは「水車小屋のある平原」という意味である。ここはもともと、18世紀末に建設された大きな水車小屋だった。ビフェルノ川の水源で水車を回して羊毛の染色を行ない、後に発電施設として再利用されていたが、1990年にミケーレさんが土地を購入するまでは廃墟と化していた。建物はおろか、川から引いていた水路にも土が覆いかぶさり、再生させるには10年以上の月日がかかったという。レセプション、客室、レストラン、土産物屋は、すべてこの元水力発電施設を改修した一つの建物内にある。その一部は展示室になっていて、古い発電機器が並べられていた。

La Piana
dei Mulini,
Colle d'Anchise

[右]敷地内のあちこちに張り巡らされた元水力発電用の水路。
[中]スポーツフィッシングのため遠方から来たという男性たち。
[左]庭園を散策していたら、かわいい形のキノコと遭遇。

建物の周囲を取り囲む広大な敷地は、誰でも自由に入ることができる公園になっている。すぐ横を流れる川では、スポーツフィッシングをするために遠くから日帰りでやってきていた男性2人組に出会った。夏にはカヌーを楽しめるという。水辺ではアオサギが優雅にたたずみ、アヒルが賑やかに行水している。散策中、見たこともない形のキノコにも出会った。落ち葉でできたふかふかの黄金のカーペットの上でゆっくり昼寝をしたり、水彩画を描いたりしてゆったりとした時間を満喫した。

レストランは、いつ行っても大盛況だ。厨房では地元の若い男性たちが忙しく調理をしていた。パーティーなどにも使われるため、お洒落な紳士・淑女が集まっているのも見かけた。

[右]宿のレストランでいただいた、野菜を載せたとろけるような牛肉料理。
[左]客室は、通常のホテルよりも広くゆったりとしている。

ミケーレさんは、各テーブルを回りながら談笑してお客をもてなしている。私たちが前菜のトマトやチーズを食べていると、こちらのテーブルにもやってきて、料理はどうか、お代わりはどうかと気づかってくれる。チーズが過去に食べたことがないくらいおいしいと伝えると、すぐに厨房からお代わりを持ってくるようにと合図をした。

その後は、地元産の小麦粉を練ってお団子状にした手作りニョッキや香ばしいパン、様々な野菜料理、肉料理などをいただいた。どれも味が深く、噛みしめると素材のよさが口いっぱいに広がる。食事とともに、ティンティリアと呼ばれる土着品種でつくられた地元産の赤ワインをぜひ試してみて欲しい。つい飲み過ぎてしまうのは、爽やかでフルーティな風味のせいである。

チーズのクオリティがあまりに高いので、チーズ農家を取材させてもらった。牛小屋の隣にある小部屋を訪ねると、老夫婦が牛乳の大鍋をかき混ぜている最中だった。牛飼いの息子が毎朝搾る牛乳を、年季の入った木彫りの柄杓でゆっくり混ぜ続ける。現代文明に侵されていない生産活動がいまも残っていることに、ただただ感動した。

モリーゼ州は、酪農家が多い地域である。その中に、代々「移牧」を続ける家族がいる。冬季は牛を暖かいイタリア南部で過ごさせ、夏季に涼しいモリーゼ州に連れて戻ってくるのだ。馬に乗った牛飼いたちが4〜5日かけて、長靴のかかとにあたるプーリア州からモリーゼ州までの180キロを100頭以上の牛を連

[左]地元産の小麦粉を使った、手作りニョッキ。
[下]ヴォールト天井が印象的なレストラン。週末には満席になる人気店だ。

モリーゼ州では酪農が盛ん。写真は、昔ながらの製法で、カチョカヴァッロという吊り下げて熟成させるチーズをつくっている老夫婦。

れて移動する。その道のりのゴールが宿のすぐ近くにあった。

村人たちにとって、牛たちが戻ってくる日は一種のお祭りだ。ご馳走やワインを準備して、牛たちが丘を登ってくるのを待つのである。いつかこの「移牧」の到着日のお祭りを、日本の友人たちと一緒に見たいと思った。

心のこもったおもてなし、豊かな自然、きれいに整備された宿泊施設、ここでしか味わえない美食——すべてが完璧である。宿では結婚式を挙げることもできるという。壮大で美しい庭でのウェディング、ぜひお勧めしたい。

La Piana dei Mulini,
Colle d'Anchise

La Piana dei Mulini

HP http://www.lapianadeimulini.it/
住所 Contrada Fondovalle Biferno 1, 86020 Colle d'Anchise (CB)
電話 +39-0874-787330
アクセス ナポリ・カポディキーノ空港から車で約1時間50分

MEMO 大自然のなか美食を堪能できる

人口約3万4000人のテルモリは城壁に囲まれた海辺の町。海岸から、旧市街の入口に建つズヴェーヴォ城（右端）の方向を眺める。

9 モリーゼ州テルモリ

新鮮シーフードを堪能！コンパクトな海辺の町

ロカンダ・アルフィエリ

文＝中橋恵

前項で紹介したラ・ピアーナ・デイ・ムリーニから、アドリア海に面したテルモリという小さな港町を目指す。その途中、1970年代に周辺地域への飲料水や農業用水供給のためにつくられたという人工湖を通った。緩やかな曲線が美しい橋のデザインに、思わず見惚れた。こうした建造物も機能だけでなく、外観まで風景や環境に配慮してつく

Locanda Alfieri, Termoli

［右］ロカンダ・アルフィエリのオーナー、マヌエラさんはいつも元気。
［左上］新しくできた客室は、とてもモダンに改修されている。
［左下］メニュー豊富な手作りの朝食。クリスマスシーズンならではのお菓子もあった。

られている。

そしてテルモリに到着。ここ5年ほどで観光客向けの施設が次々にオープンし、活気が出てきた町だ。岬にあるボルゴ・アンティーコ（古い集落）と呼ばれる歴史地区に、私たちが宿泊するアルベルゴ・ディフーゾ、ロカンダ・アルフィエリがある。私は家族とともに、大晦日を挟んで2泊することにした。

オーナーで経営者のマヌエラさんは、ボルゴ・アンティーコで最初にホテルを開いた人だ。とても陽気な女性で、とにかくよくしゃべる。「ここは、徒歩圏内にすべてがあるから子連れの家族には最高よ。それに、日本人が好きな生魚だって、どこのレストランでも食べられるのだから！」と何度も強調する。確かに、町の中心部には車が入れないので、子どもだけで遠くの方へ走っていっても安心だ。

イタリア半島は、地理的に地中海の真ん中に突き出ている。そのため、特に南イタリアは常に外敵からの脅威にさらされてきた。テルモリも、城壁や城をつくって町を要塞化している。城壁には、城は無骨な監視塔のような外観で、日本の

大晦日の夕食は、マヌエラさんに勧められた近くのレストランで。0時過ぎまで続く晩餐は、地元産の生牡蠣からスタート。

城にある狭間《さま》や石落としのような防御用の開口部がたくさんついていた。

一方で住宅は、外壁がカラフルに塗られていて可愛らしい。レセプションや朝食ルームがある建物内の客室には、アーチを交差させてつくったヴォールト天井が残っている。11〜12世紀ぐらいに流行していたタイプの構造だが、それが今でも残っているのだ。1000年前はどんな人がこの部屋を使っていたのだろうと、思いを巡らす。

もっとモダンな部屋に泊まりたい人は、海側の建物にある部屋に宿泊するのがよいだろう。外観からは想像できないようなモダンなインテリアが施されていて、屋上にはテルモリの港が一望できるテラスがある。夏にはここで夕日を眺めながらジャグジーに入ったり、サンベッドで日光浴ができるそうだ。

町の城壁のすぐ下の海辺には、トラブッコと呼ばれる木造の漁網をつけた装置があった。悪天候で出港できない日も漁師たちが魚を獲れるようにとつくられたもので、18世紀には既に存在していたらしい。

このあたりではイタリアでは珍しくウニやマグロが豊富に獲れるというから、日本人にはたまらない。小さな町なのにレストランの選択肢は多く、夕食はよさそうな店を選んで食べにいった。4〜5時間ほどかけて食する大晦日のディナーでは、生牡蠣を最初の乾杯のお供にいた

Locanda Alfieri, Termoli

[上]新鮮な魚介類を使った生魚のタルタルは、ケーキのような美しさ。
[下]広場で開催されていたカウントダウンコンサート。老人や子どもも多くいた。

明るい色の住宅が並ぶテルモリの町。右側の黄色い建物が、ロカンダ・アルフィエリ。

だいた。「テルモリ産の牡蠣ですよ」とオーナーが自慢げに運んでくれたものだ。0時を迎え日付が変わると、あちこちのテーブルでスパークリングワインのボトルがポンポンと開く。知らない人同士でもグラスを片手にテーブルを行き来して、乾杯したり握手をしたり。

外では、一斉に花火の打ち上げがはじまった。野外コンサート会場からは、大声で「アウグーリ（おめでとう）、2018！」とマイクで叫ぶ声がする。私たちも慌てて飛び出すと、老若男女たくさんの人が歩いていた。この時期に観光客は珍しいのか、若いカップルが近寄ってきて子どもたちに線香花火をくれた。足長ピエロも愛嬌を振りまきにきてくれ、賑やかな新年の幕開けとなった。

人のあたたかさを感じた滞在だったが、観光業に携わる人たちが、少しビジネスライクになりかけているのが気になった。観光客向けの店がぐっと増え、不動産は既に値上がりしている。住民が外へ出ていってしまったら、魂のない着飾った町並みが虚しく残るだけである。

海上に残る、トラブッコと呼ばれる漁師小屋。かつては漁師たちが、船を出せない日にここから網を垂らして魚を獲ったという。

Locanda Alfieri

HP http://www.locandalfieri.com/index.php/
住所 Via Duomo 39, 86039 Termoli (CB)
電話 +39-0875-708112
アクセス ローマ・フィウミチーノ空港から車で約4時間。または、ローマ・テルミニ駅から電車でテルモリ駅まで行き（約5時間）、そこから徒歩で約15分

MEMO 夏がハイシーズンで、海水浴客で賑わう

10 ラツィオ州ザガローロ

学生時代の仲間と作った ローマ郊外の真心の宿

ボルゴ・デイ・サガリ

文＝森まゆみ

Borgo dei Sagari, Zagarolo

メインストリートから細い路地が垂れ下がるように延びる、段差だらけのザガローロの町。石畳の階段には町のマークが刻まれていた。

バーリから飛行機でローマ・フィウミチーノ空港に飛ぶ。出口に「MORI MAYUMI」という紙を持った男の人が立っていた。ここから50キロほどのローマ郊外の町ザガローロに、中橋さんいわく、すてきなアルベルゴ・ディフーゾがある。そこに迎えを頼んだのだ。「ボルゴ・デイ・サガリ」という。

そこから約1時間で宿に着いたが、レセプションには誰もいない。15分ほどして現れたのは、黒髪で目の大きいウリアさんという女性。早口の英語でよくしゃべる。

「町の構造はとても簡単。2つの谷に挟まれた山の尾根道に、法王も輩出したローマの名家コロンナ家の宮殿と、教会と庁舎のある広場があるの。サガリはザガローロの前の地名で、その前の名はガビ。ガビ人はローマ人と戦ったけど、征服されて追い出され、その後ここはローマ人のマントを縫う町になった。ローマ市内まで1時間ちょっとで、夏は涼しいから、別荘を構える人もいるの――」

矢継ぎ早に説明すると、ウリアさんは鍵を持ち、なだらかなメインストリートを下る。ここが薬屋よ、この提携バールで朝ごはんが食べられるわ、と教えてくれ、最後に一軒の家の鍵を開けた。

おお、すばらしい。一人にはもったいない広さだ。入ったフロアがベッドルームとバスルームになっていて、階段を降りるとキッチンとリビング、それに書斎コーナーまである。しかし、そこにパソコンをセットした途端、私は何かのアレルギーになった。瞬く間に顔が腫れ、目がふくれ、全身がかゆくなったのだ。慌てて私はレセプションに電話をかけた。

「飛行機で何か食べましたか？」。ウリアさんは落ち着いて聞いた。「昨日もその部屋は使ったけど、アレルギーになった人はいません。いまスタッフを行かせるから待っててね」。来てくれたジュリアさんはまだ学生で、とても周到だった。「部屋を替えた方がいいですね」と言ってレセプションでほかの家の鍵を取り、私を薬屋に案内して症状を伝えた。バー

ローマ時代からの歴史深い町並みが今も残るザガローロ。
中世から続く石畳の道が美しい。町の人口は約1万8000人。

[上]ボルゴ・デイ・サガリで最初に案内された、かつてワイン貯蔵庫だった建物を改修した部屋。
[中右]宿の看板も、ブドウがモチーフ。
[中左]最初の部屋の書斎スペース。ここにパソコンをセットした途端、アレルギーに見舞われて……。
[右下]宿の専属ドライバー。送迎サービスを使えば、宿から約50km先のローマ・フィウミチーノ空港まで80€だった。

Borgo dei Sagari, Zagarolo

ワインの町として知られるザガローロ。特に白ワインが有名で、毎年10月に開催されるブドウ祭りでは、町中がブドウだらけに。

ルで水をもらってきて抗アレルギー剤を飲ませ、新しい部屋に案内する。そして前の家から重いトランクのほか、散らかしたままのパソコンから歯ブラシまで一切がっさい、荷物を運んでくれた。

これ以上の対応があるだろうか。水を飲み、ソフィア・ローレンが出てきそうな2番目の部屋で休んでいると、だんだん気分がよくなってきた。長旅の疲れが出たのかもしれない。夜8時ごろ、誘われていた同じ経営のホステルのパスタパーティーに参加する。それは実に愉快な催しで、全員揃ってエプロンをつけ、野菜を切りまくり、トマトソースで煮込み、ペンネとあえて出来上がり。みんなで食べながら、スタッフとおしゃべりする。「ウリアがミラノの大学にいたので、スタッフはみんなミラノつながり。私はインターネットとロボットの研究をしているの」とエレナさん。もう一人のロセッラさんは、「私は都市計画で卒業したけど、ミラノなんて仕事もないし、暮らす気もないわ」という。仕事がないならここでつくっちゃえ、そんな試みなのかもしれない。

朝、提携しているバールに行って、フルーツタルトとカプチーノで朝ごはん。ベビーカーの赤ちゃんを連れて朝食をとる家族がいる。近所のおばあさん、おじいさんたちが、「いくつなの、かわいいね」と声をかけてあやしている。

10時にウリアさんと待ち合わせ。町を歩くと誰彼ともなく話しかけられ、1分で済みそうな話を5分かけてやっている（ように見える）。そして最後はキスしてチャオチャオチャオという。ローマ時代の水飲み場や、コロンナ家のお姫様が使った石のバスタブを転用した泉、フレッシュパスタの店などを案内してくれた。ここではトルド・マットという馬肉料理が名物で、それをなんとか食べられるように手配してくれていた。レストランで、ウリアさんに話を聞く。

「私はローマ生まれで、先祖はシチリアみたい。親の仕事の関係でこの町で中学・高校を過ごしたけど、大学はミラノ。

1｜宿の経営者であるウリアさんに、ザガローロの町を案内してもらう。これは、ローマ時代の棺を利用した水飲み場。2｜石のバスタブを使った噴水も。3｜フレッシュパスタの店も見にいった。4｜ベンチで休憩中のおじいさんたち。5｜朝食は近所の提携バールで。家族連れ客で賑わっていた。6｜古い小さな教会も見学。

祖父はシドニーで死んだし、両親はフロリダに、兄はハイデルベルクにいるのよ」
わー、なんて国際的な一家！
「ミラノは1年半もいたら十分よ。ここのファーマーズ・マーケットで安く手に入る野菜が、ミラノでは7倍もする。ミラノの人は個人主義でボナセーラも言わないけど、ここの人はとても優しくてゆっくり暮らしているわ。最初にアルベルゴ・ディフーゾを知ったのは夫のルカよ。私はフロリダでも旅行会社を持っているんだけど、アメリカ人は自分の国が一番いいと思ってる。イタリア人は遅い、謝らない、働かないクレージーな連中だとかいって、あまり来ないわね」。つい笑ってしまった。

宿をはじめたころは大変だったでしょう。

「町の人がなかなか心を開いてくれなかった。でも学校をここで出たからね、よそ者じゃないと思ってくれるようになった。家を買うのは簡単、でも借りるのは大変。この仕組みを説明してもなかなか理解されない。一つうまくいくとそれを見た人が、うちも貸してもいいとなる」

わかるわかる。東京の私の町、谷根千でもそうよ。

最後に家族経営のワイン屋さんに寄った。「ここでは昔からローマ市民が飲むワインをつくっていたんだ。うちの爺さんはワイン樽を馬車に乗せ、プレネスティーナ街道を通ってローマの市まで運んでいった。向こうですっかり酔っ払っても、馬がちゃんと連れて帰ってきてくれたとさ」とご主人。「今から東京へ帰るのか。1本持ってけよ」とくれたワインを家で飲んでみたら、やや渋みのある優雅な味わいだった。しまった、あと100本、買ってくればよかった！

この地で家族代々ワインをつくっている、ワイナリーのご主人ロレートさん。東京に戻る森さんに、自慢の1本をプレゼントしてくれた。

Borgo dei Sagari, Zagarolo

Borgo dei Sagari

HP http://www.borgodeisagari.it/
住所 Via Antonio Fabrini 48, 00039 Zagarolo (RM)
電話 +39-06-87759504
アクセス ローマ・フィウミチーノ空港から車で約1時間30分。または、ローマ・テルミニ駅から電車でザガローロ駅まで行き(約30分)、そこから送迎サービスで約10分

MEMO ザガローロ駅からの送迎サービスは無料なのが嬉しい

クリスポルティは、中世からの石造りの集落の中にあるアルベルゴ・ディフーゾ。朝食ルームの建物の前庭も、ひっそりとしていた。

11 ラツィオ州ラブロ

ベルギー人と共存共栄する山岳集落のミニマルな宿

クリスポルティ

文＝森まゆみ

Crispolti, Labro

トスカーナ州を出発して、黄色いヒマワリが一面に咲く丘をひたすら走り、ラブロという村に到着。典型的な山のボルゴ、城塞都市だ。今日の宿、クリスポルティに電話をすると、「修道院の間の道を上った先にある広場まで来てください」という指示。迷いながら広場を探し、待っていると、黒いワンピースを着たオーナーのアンナさんが現れた。金髪を短くボブにして、青い目が輝き、まるで少女のようだ。

約束にかなり遅れ、もう午後の7時だったが、それでも丁寧に部屋をあちこち見せてくれた。とても複雑な建物で、城壁に沿って増殖したといってよかった。

「私はベルギーのヘント出身で、夫も私も建築家なの。イタリアが好きで、人のいない静かなところを探していたんだけど、あるとき、この村から見える湖の景色に夢中になってしまったの。最初は家を買って家族で住んでいたんですが、ひとつ古い家を直してみたら、生きがいを感じて。ちょうどアルベルゴ・ディフーゾという考え方が出てきたので、そういう宿をやってみようと思って動きはじめたら、州法に則ったライセンスを取るのに1年半かかったわ」

池のある客室の前庭で、のんびりおしゃべり。

案内された部屋の前庭には、金魚の泳ぐ池のほか、熱帯のような緑濃い樹木もあり、まるでバリ島のリゾートのようだった。白を基調としたシンプルな室内には、センスの良い調度品が最低限置いてある。ベッドルームに広いリビング、バス・トイレ、キッチンも付いたこの部屋が180ユーロというのはとても安い。

「申し訳ないけど、今日はあとここしか空いていないの」といったもう一つの部屋は、6畳ポッキリの中に、シングルベッド1つしかなかった。浴室も極めて狭い。これで80ユーロというのは、ちょっと高く感じた。「でも景色はいいのよ」と窓を開けると、はるか眼下に美しい湖が見える。どんな部屋にもいいところと悪いところがある。

1階には広い食堂があり、中世の音楽が低く流れていた。明日の朝食はここで9時から。少々遅く感じるが、女性スタッフが夜は別の店で働いており、朝はゆっくりの方がいいというのだ。マダムもここには住んでおらず、翌朝はいないらしい。到着時には出迎えるが、トイレやシャワーの使い方、電気のスイッチの場

テーブルに置かれた燭台。白を基調にした部屋には最低限の調度品しか置かれておらず、きわめてミニマル。

［上］宿を経営するベルギー人のアンナさん。
［中］朝になると近くに住む女性スタッフがやってきて、朝食の準備をしてくれる。
［下］朝食には天然酵母の麦芽パンなど、クオリティの高い食材が揃っていた。

Crispolti, Labro

所、困ったときの連絡先などを説明していると、30分くらいはすぐに経ってしまうという。宿の経営は大変だ。

最後にアンナさんは、外に出て、石段を上り下りした先にある2つの食堂を紹介してくれた。片方は魚料理のリストランテ、もう片方は石段沿いに屋外の席があるオステリア。あまりお腹が空いていなかったのでオステリアに。ルッコラと鴨のロースト、豆のサラダ、ポテトフライの上に載ったハンバーグステーキを頼んだら、とてもおいしかった。雰囲気も店主の人柄もよい。私はいつもデザートは省略するが、今日はイタリア流に果物をいただいた。

翌朝、6時15分くらいに散歩に出る。石畳のデザインがすばらしい。人は住んでいるんだか、いないんだか。もともと住んでいたお年寄りは亡くなったり、不便さに耐えかねて平地へ降りていったりした。今いるのは、静けさを愛する外国人や若い人だけ。城郭の中に住宅を建て増しているので、どこからどこまでが家なのかわからない。道路なのか、個人の敷地なのかも判然としない。だからこそ、家自体は固く厚い木の扉を閉ざしてプライベート空間を守っている。行き止まりかなと思うとまた奥に細い道がある。鳥の声、何か鈴をつけた動物が歩く音。売り家の札もある。でも住み手がいなくなってさえ、石の家は壊すのが大変だ。

9時に食堂で朝ごはん。年配のイタリア人女性が来て、卵を焼き、カプチーノを入れてくれる。

「1970年代にアンナたちがこの村に来て以来、ベルギー人が多く入ってきて、家を買って住むようになったの。ちゃんとした修復をやったから、地元の人に信頼され、喜ばれているわ。この村を再生させた原動力ね。この集落に住んでいるのは80人ぐらい。ラブロ村全体でも400人もいないのよ」

あなたはここの生まれなの？「私はローマ生まれで、昨年越してきた。この宿は、暖房費が高くつくので1月、2月は休業だし、本当は3泊以上からしか受け付けていないの。シーツの洗濯が大変で、村の女たちでやっているわ。仕事も生まれたし、とてもよい仲間たちよ」。

ベルギー人オーナーとイタリア人の住民は、共存共栄しているようだった。

このボルゴに、泊まるところはここしかないという。石段が多いので、上級者向きの宿といえよう。でも、重たいものは車に置いてでも、泊まる価値のある宿だ。足腰に不安のある人は予約のときに、段差の少ない部屋を選びたい。折しもどこぞの大使の家族が長逗留しているようだった。

[上]夕食は、集落内に数軒ある食堂で。森さんたちが行ったオステリアは、土曜の夜ということもあり賑わっていた。食事は外の席で。
[下]宿のある集落は石段も多く不便なため、実際に住んでいる人は80人程度だという。

Crispolti

HP https://www.albergodiffusocrispolti.com/
住所 Via Vittorio Emanuele 16, 02010 Labro (RI)
電話 +39-0746-636070
アクセス ローマ・フィウミチーノ空港から車で約1時間50分

MEMO 村は小さな山の上にあり、階段や坂が多いので、荷物は小さくまとめたい

トッレ・デッラ・ボトンタが入っているサン・ジョヴァンニ城。
中央の監視塔のすぐ横に、宿の入口がある。

12 ウンブリア州カステル・リタルディ

自転車競技選手がつくった おもてなし自慢の古城ホテル

トッレ・デッラ・ボトンタ

文=中橋恵

Torre della Botonta, Castel Ritaldi

[右上]経営者のフォルトゥナートさんは、現役の自転車競技選手。日本の大会で優勝したことがあり、日本好き。
[右下]客室は、どれもお城とは思えないほど明るい雰囲気。
[左上]泊まった部屋の壁には、宗教的なフレスコ画がそのまま残されていた。

イタリア人の休日といえば、大切な家族や友人とゆっくり過ごして、皆で一緒に食事をとることを何よりも大事にしている人が多い。何となく運動は二の次という印象だが、最近のイタリアは健康ブーム。特にジョギングやサイクリングの人口は、年々増加している。

ある日、自転車愛好家のためのアルベルゴ・ディフーゾがあると聞き、早速訪ねてみることにした。オーナーはフォルトゥナートさんという、プロのサイクリストの男性だ。自転車競技会のために各地を旅するうちに、自分が泊まりたい宿をつくりたくなったのだという。宿を経営しながら、いまも現役でペダルを漕いでいる。

城というと高い山や丘の上に建っているイメージだが、目指す古城は中部イタリアの平地の真ん中にあった。ぐるりと張り巡らされた荘重な城壁はまるで要塞で、高い塔(トッレ)も備えている。城は14世紀に建てられ、当初は「サン・ジョヴァンニ・デッラ・ボトンタ」という名前だった。

私たちの部屋は塔のすぐ近くで、外階段を上がっていったところにあった。扉を開けると、部屋は温めてあり、その気遣いが嬉しい。広い台所とリビングの奥に寝室が2つあり、寝室の壁には古いフレスコの宗教画が残っていた。城が建てられた当時は礼拝堂として使われていたのかもしれない、もしかして聖職者が住んでいたのかも、といろいろ想像するのが楽しい。浴室には残念ながらバスタブはついていなかったが、とてもよい香りのアメニティグッズが置かれていた。サイクリストがゆっくり休めるように、こだわったのだそうだ。

ほかにもいくつか客室を見せてもらったが、部屋はすべて城壁の内側に点在していた。数は少ないが、どこも上品で広い部屋ばかりである。ぐるりと張り巡らされた城壁の全周は150メートル。狭間と呼ばれる攻撃用の穴がいくつも開いていて、城の中に泊まっているんだと実感する。しかし城内は、豪華な王様の城というよりも、普通の古い住宅街といった雰囲気だ。もともと教会の枢機卿が建てたもので、その後も地元の有力家が住み続けていたからであろう。

城壁内の狭い通路を利用した朝食ルーム。コンパクトな机と椅子の間をすり抜け、細身のフォルトゥナートさんが給仕してくれた。

現在も、城内には普通の住民が住んでいる。私がカメラを持ってウロウロしていると、住民らしき女性が「道に迷ったの？　どこへ行きたいの？」と声をかけてくれた。閉鎖的な古城のイメージとは逆に住民は気さくで、この宿が地元の人々にも受け入れられていることが分かる。城の外にも住宅が少し並んでいるが、店はレストランが1軒と、タバコ屋さんが少し先にあるくらいだった。近くに住民が集うバールなどができれば、周辺の散歩はもっと楽しくなりそうだ。

レストランは城を出てすぐ正面にあった。「オステリア・デッラ・トッレ」という、地元ウンブリア州の郷土料理を専門にしたカジュアルな店だ。私たちは夕食をここでとることにした。

土曜の夜ということもあり、店内は賑わっていた。イタリア中部では肉料理やトリュフ料理が有名だが、まずはローズマリーと一緒に煮たジャガイモのスープを注文。シンプルな料理だが、ジャガイモのしっかりした風味にハーブの香りがただよう絶品だった。2皿目は、トリュフをふんだんに散らした卵焼きにしてみたところ、本場の黒トリュフの香りに感激しておかわりをしてしまった。

翌日の朝食は、なんとも面白い体験であった。城壁は通常、ただの一枚の石壁ではなく壁の中に最大で幅6メートルぐらいの空間がある。かつては塔などを結ぶ連絡通路として、城の守衛や兵士が通っていたのだろう。そこに机やイスが置かれ、朝食スペースとして利用されている。鎧を着た2人がすれ違うにはちょっと狭いね、カニ歩きだったのかしらと子どもたちは笑う。スリムなフォルトゥナートさんは、この細長い空間でテキパキと私たちにカプチーノや紅茶を運んでくれた。

サイクリングを楽しみたい人には、フォルトゥナートさんが周辺のサイクリングロードについて的確なアドバイスをしてくれる。また、彼やその仲間のプロサイクリストと一緒に走るツアーも企画しているという。

イタリアで副業を持つのは珍しいことではないが、サイクリストとアルベルゴ・ディフーゾの経営者という二足のわらじを履いているのは、彼ぐらいかもしれない。日本の自転車競技大会で3回優勝したこともあって、日本人に対して大変フレンドリーだ。もっと多くの日本の人たちに、ウンブリア州のサイクリングロードを知ってもらいたいそうである。

[上]城の目の前にある人気のオステリアでいただいた、ジャガイモのスープ。体も心も温まる。
[下]黒トリュフをふんだんにかけた卵焼きの前菜。

Torre della Botonta, Castel Ritaldi

Torre della Botonta

HP http://torredellabotonta.com/
住所 Via Albornoz fraz. Castel San Giovanni, 06044 Castel Ritaldi (PG)
電話 +39-331-8462565
アクセス ローマ・フィウミチーノ空港から車で約2時間半

MEMO 城のまわりに広がるひまわり畑や小麦畑の中を、自転車で走ろう!

丘陵地の上に建物が密集する、グアルド・タディーノの町。

13 ウンブリア州グアルド・タディーノ

丘陵の小さな町に建つ若夫婦が営む家庭的な宿

ボルゴ・サンタンジェロ

文＝中橋恵

Borgo Sant'Angelo, Gualdo Tadino

イタリア中部のグアルド・タディーノという町にある、ボルゴ・サンタンジェロというアルベルゴ・ディフーゾを目指した。ローマを出発して、イタリア半島を南北に縦断するアペニン山脈の麓の道を、ひたすら北上していく。

平野部に沿って走る国道3号線は、か

ボルゴ・サンタンジェロの、可愛らしい朝食ルーム。

[右]メインの建物の中にある、ロマンティックな雰囲気の客室。このほか、近所にある2軒の古民家に宿泊することができる。[左]経営者であるエレオノーラさん(中央)とそのご家族。若夫婦とそのお母さんが切り盛りする、家庭的で温かい宿だ。

つてのフラミニア街道である。ローマからアドリア海沿岸のリミニにいたる道路で、イタリア北東部の物資や穀物をローマまで運ぶための重要な役割を果たした。そのちょうど真ん中あたりに、目的の町はある。

道中、丘の上に家々がぎっしりと這いつくばるようにしてできた町や村をいくつも通り過ぎた。たいてい、一番高いところに町の中心があり、そこに中央広場がある。夕方になると、広場にはたくさんの人々がやってきて、散歩をしたり、たわいない会話を交わしたりする。学生時代にはじめてイタリアへ旅行したときは、夕方になぜこんなにたくさんの人たちが意味もなく同じ場所に集まるのかと、不思議に思ったものだ。

やっとのことでたどり着いた町は、アペニン山脈に囲まれた広い盆地の中にあり、その中心にはやはり広場があった。長方形の広場には、ちょうどクリスマス・マーケットの屋台が並んでいて賑やかだ。

本日泊まる宿がどこにあるのか分からず、屋台の女性に、「ボルゴ・サンタンジェロというホテルはどこですか？」と

1｜グアルド・タディーノの中心にある教会前広場。町には店も多く、アッシジへも車で約50分と近い。2｜このあたりはトリュフが名物。路上でおじさんが野菜やトリュフを売っていた。3｜宿にレストランはないので、昼食はエレオノーラさんに勧められた「オスタリア・ダ・バックス」で。こちらは牛肉ソテーのトリュフ載せ。4｜ホワイトラザーニャにも、トリュフがたっぷり。5｜食堂を営む仲のよさそうなご夫婦。

1

Borgo Sant'Angelo, Gualdo Tadino

3

2

5

4

聞いてみた。するとすぐに、「あら、エレオノーラのアルベルゴ・ディフーゾのことね。この道を戻ってすぐよ」と教えてくれた。経営者とも知り合いのようで、アルベルゴ・ディフーゾがどういうものなのかを知っている様子だった。

そして到着したボルゴ・サンタンジェロは、エレオノーラさんご夫婦と彼女のお母さんによる家族経営である。メインの建物に、客室と朝食ルームがある。もともとは、12世紀に建てられた修道院だったそうだ。内装は品のあるカントリースタイルという感じで可愛らしい。スタンダードの部屋は少し狭いが、どの部屋の窓からもアペニン山脈が見える。近所には、宿泊用の「家」が2つある。小さな台所がついていて、バスタブもあるそうだ。

イタリアではすべての自治体は「コムーネ」と呼ばれ、市や町や村などの明確な区別はない。グアルド・タディーノの人口は約1万5000人なので、日本でいえば町の規模だ。ホテルやレストラン、商店が旧市街の中にいくつもあるが、古くからの店が残っていて、住民の生活がちゃんとあるところがいい。巨大な観光都市になると、外国人観光客はもはや売り上げ増加のための「お客さん」としてしか見ない人が多くなる。

エレオノーラさんも、「ここは、歩いて回れるくらい小さな町。でも、無名の町だからこそ、住民は観光客が来てくれると嬉しいの。気取らない町の魅力を楽しんでほしいわ」と話してくれた。

お腹も空いてきたので、エレオノーラさんが勧めてくれたレストランで昼食をとった。60代ぐらいのご夫婦が2人で切り盛りしていて、店内はレトロな雰囲気だ。地元の常連客らしい人たちがあちこちに座っている。このあたりではトリュフが名物ということで、トリュフのラザーニャと、トリュフを載せた薄切り肉のソテーを選んだ。混み合う店内を見た瞬間から、ここはおいしいに違いないと思ったが、予想通りだった。

食後に町を散歩する。とにかく空気が澄んでいて自然豊かだ。イタリアのロケッタという有名なミネラルウォーターは、町のすぐ後ろの山から湧出している水を使っているそうだ。町のいたるところにある水飲み場や噴水から出ている水も、ミネラル成分をたくさん含んだ天然水なのである。

グアルド・タディーノ周辺には、ペルージャやグッビオ、アッシジなど、魅力的な町がいくつもある。私たちは次の日に、うっかりアッシジに泊まってしまいひどく後悔した。16年ぶりに訪問したアッシジの旧市街からは住民がいなくなり、博物館化してしまっていたのだ。町並みはとても美しいが、観光客相手に中国製の土産物を売る店が並び、果物やパンを買うこともままならなかった。ごく普通の住人の暮らしが残る町がどれほど魅力的であるかを、グアルド・タディーノが教えてくれた。

Borgo Sant'Angelo

HP http://www.borgosantangelo.it/
住所 Via Imbriani, 06023 Gualdo Tadino (PG)
電話 +39-075-9141620
アクセス ローマ・フィウミチーノ空港から車で約2時間40分。または、フィレンツェ＝ペレトラ空港から車で約2時間30分

MEMO 町にはレストランやバールのほか、小さな博物館や、伝統工芸の陶器を売る店も

14 トスカーナ州センプロニアーノ

温泉での出会いから生まれた地域の文化を守る宿

ボルゴ・ディ・センプロニオ

文=森まゆみ

ボルゴ・ディ・センプロニオの客室。天蓋付きベッドを中心に、コンパクトなキッチン、各種収納、洗面所までを備えた、贅沢なワンルームだ。

Borgo di Sempronio,

Semproniano

ローマから北に行くと、トスカーナ州にセンプロニアーノという小さな村がある。エトルリア文化が栄え、ローマ人が城壁を築いた地方である。車を止めて、少し坂を上がるとレセプションがあり、鍵を持った女性が現れた。彼女を先頭に、今日の宿を目指してさらにどんどん村の石段を上がっていく。

私の部屋はワンルームで、天蓋付きのベッドや古いタンスのほか、入口にはコンパクトなキッチンもあった。タイルと鏡で仕切られた奥にはモダンな洗面台、シャワー、トイレがある。一人にはとても贅沢なスペースだ。同行している中橋さんと息子さんの部屋は二間で、ドアを開けるとキッチンとリビング、その奥にベッドルームがあった。お鍋やフライパン、ボウル、皿やグラスも揃っている。かつては仕立て屋さんだったそうで、そのころの仕事場のあとも残してあるし、岩場にひっついて建てられた家なので、壁やクローゼットの奥にはごつい「岩」が見えた。

食事は村のすてきなレストランと提携していて、そこで食べるようになっている。レストランで待っていてくれたのはオーナーのフルヴィオさんだった。

「僕は前職が国家治安警察官（カラビニエーレ）です。この辺には仕事がないので、若者はみんな村を出ていってしまう。お年寄りもいなくなると家が空き家になります。これまで村にはたった4室のB&Bしかありませんでしたが、ここから近いサトゥルニア温泉にはホテルが多い。僕はそこで知り合いになった女性実業家のサウラさんと、この仕事をはじめ

中橋さん親子が泊まった二間の客室。台所とリビングを兼ねた広い部屋の奥に、ベッドルームがある。

Borgo di Sempronio, Semproniano

宿のレセプション担当の女性スタッフも、とても明るい。

ました。彼女はリミニの生まれでスーパーやホテルをいくつか経営していますが、温泉好きでこのあたりに別荘を持っていたのです。今私たちの宿には11の部屋と、25のベッドがあり、9人のスタッフが働いています。

話はともかく、この土地特有の料理を召し上がってください。このズッキーニのピッツァは、2000年前の品種を再現した小麦からつくられています。そのために粉とパスタの工場も作りました」

薄焼き煎餅のようにパリッとしている。麦の香りが口の中に広がる。そのあと、トマトとニンニク味のモチモチした食感のペンネ、野菜のズッパ（スープ）、イノシシ肉のトマト煮込みをいただいた。すべて地元の食材で、ワインも土地のもの。どれも味が濃く、おいしかった。フルヴィオさんはここにいる誰とも友達のようで、挨拶を交わしている。元警官ですから、村を守るのはお手の物だ、と笑った。

――改修はどうやったんですか？

「サウラさんがアルベルゴ・ディフーゾ協会のダッラーラ会長と友達だったので、その協力も得られました。ここはダッラーラさんの理想に沿って運営されていま

センプロニアーノの人口は約1100人。赤いテラコッタ屋根の住宅が並ぶ、トスカーナらしい美しいたたずまいの小さな村だ。

オーナーの2人が出会ったサトゥルニア温泉へは、村から車で約20分。こちらは段々畑のように石灰棚が連なる、ムリーノの滝と呼ばれる天然の露天風呂。

[右]宿のオーナーのフルヴィオさんは、元国家治安警察官（軍警察官）。過疎化の進む地元を何とかしたいという彼の熱い思いが、さびれた村を再生させた。
[左上]古代種を再現した小麦でつくった、ズッキーニのピッツァ。
[左下]アクアコッタという名前の、卵を落とした野菜のズッパ（スープ）は、パンも入ってボリューム満点。

す。トスカーナ州の宿泊施設の1部屋の最低条件は13平米ですが、森さんの泊まっている部屋は40平米ありますよ。元は4つの小さな部屋だったのを、仕切りを取り払ってワンルームにしたんです。また古い建造物を活かして外観を変えないだけでなく、内部でも15世紀の古い壁をそのまま見せたり。フィレンツェ大学を出た30代の若い建築家に相談して、デザインしてもらいました」

——どういうことに注意していますか？

「第一に、自分の宿の客を増やそうということでなく、この大切な地域に来てもらうこと。ここにはトレッキングに最適な山もあり、湖も、川もある。第二に、古くからの食文化を復元すること。大学とも協力していて、食の方面ではピサ大学の農業学科と連携しています。放牧で育てた家畜の肉や、有機農法の野菜、昔ながらの製法のワイン。天然酵母パンは消化もいい。第三に、村の祭りやイベントを大事にして、お客さんにも参加してもらうこと。何も新しくつくる必要はありません。今あるものを整理し、再構成して、磨き上げることが大事です。第四に、羊飼いや農民など、ごくふつうの

［右］森さんの客室の前の家には、たくさんの洗濯物が干してあった。生活感たっぷりの風景だが、ここで暮らしているようで楽しい。
［左］朝の散歩の途中で見かけた、きれいな猫。

人々の歴史を聞き取り、記録に残すこと。そういう本を出す出版社もあります」

――私も30年、「普通の人の生き死に」を記録してきたので、共感がもてます。最近は大きな組織でアルベルゴ・ディフーゾをやるところもあるようですね。

「マテーラで成功したアルベルゴ・ディフーゾのオーナーが、アブルッツォ州の過疎集落を買い占めて2つ目の事業を立ち上げましたが、そこに住民と暮らしがなければ単なるテーマパークです。ここではアメリカ人の青年をおばあさんが呼び止めて、村の歴史を半日語ることもある。そのくらいコミュニケーションできるんです」

翌朝、6時前に起きて歩く。平入りの家が多い。狭い道も走れる軽トラック、農機具や収穫物を入れる納屋。家の中を覗かれないようにかけたすだれ。どの家も窓が二重で、素通しにも、鎧戸を閉じた状態にもできるようになっている。

朝ごはんの後、英語を話すスタッフのロクサーヌさんがほかの部屋を見せてくれた。元の建築物を残した例や、家族向けにベッドの多い部屋もあった。

「今は、10棟くらい改修中です。朝食ルームやミニ博物館をつくる予定もあります。建築より、人のつながりが大事なんです。幸い村の人がとてもよくしてくださいます。私たちもできるだけ村になじむように努力していますけど。私はピアチェンツァから来て9年。お客さんが喜び、そして彼らに来てもらって村の人が喜ぶのが楽しみだわ。犠牲なんて何もありません」

ごく普通の田舎の村だが、人々はあたたかく、おいしい食事ができる。なんだか、気持ちまでなごんでいくような場所だった。

Borgo di Sempronio, Semproniano

Borgo di Sempronio

HP http://www.ilborgodisempronio.it/
住所 Via del Pretorio 3, 58055 Semproniano (GR)
電話 +39-0564-986226
アクセス ローマ・フィウミチーノ空港から車で約2時間20分

MEMO 階段が多いので注意。近くのサトゥルニア温泉で体を癒すのも◎

Il Canto del Maggio,
Terranuova Bracciolini

夕暮れのイル・カント・デル・マッジョ。奥がレセプションとレストランのあるメインの建物。

15 トスカーナ州テッラヌオーヴァ・ブラッチョリーニ

家族のようにもてなされる フィレンツェ郊外の田舎宿

イル・カント・デル・マッジョ

文=中橋恵

[右上]段差の多い集落内に、宿泊用の「家」が点在している。
[右下]中橋さん親子が泊まった「家」の居間。山男のようなおじさんが、暖炉に薪をくべてくれた。
[左]宿を切り盛りするシモーナさん。

「5月の囀《さえず》り」という麗しい名前をもつアルベルゴ・ディフーゾがずっと気になっていた。ハーブや自然食材を使った料理が得意で、センスのよさそうな女性が女将を務めているらしい。

到着したのは12月半ばの、夕暮れに差し掛かった頃だった。高速道路を降りてからずっと平地を進み、小さな村の背後にある急勾配の丘の中腹で車を停めた。そこから電話をすると、すぐに宿の経営者のシモーナさんが迎えにきてくれた。

早速、今晩泊まる「家」へ案内してもらう。「家」は斜面に並んでおり、たどり着くまで、路地を上ったり、下りたり。そこら中が段差だらけ。トランクから1泊分だけを出して運べばよかったと後悔した。子どもたちは、逆にこのような不規則な空間が楽しいらしく、興奮している。

私たちの「家」も、丘の斜面にあった。入るとすぐに暖炉の備わった居間があり、奥に台所がある。天井の古い梁はそのまま残してあり、素朴な色合いに塗られた壁はトスカーナの田舎の雰囲気いっぱいだ。2階は、寝室と浴室になっていた。

ホッとするのもつかの間、誰かがノックするのでドアを開けると、宿のおじさんが薪を両手いっぱいに持って立っていた。何の遠慮もせずに部屋に入り、「これで今晩は寒くないよ」と、慣れた手つきで暖炉に火をおこしてくれる。おじさんが長髪で髭だらけで、まるで山男のようであったことも、子どもたちの想像力を掻き立てた。

宿の一帯は、民家が35軒ほど集まった小さな集落である。その周囲に、オリーブや野菜の畑が広がっている。集落内に

宿泊客が少なかったので、シモーナさん家族と一緒に食卓を囲んだ。
スフレのようなフワフワの前菜とトスカーナワインで夕食がスタート。

Il Canto del Maggio,
Terranuova Bracciolini

店は一軒もない。買物には車に乗って下の村へ降りていかねばならないが、健脚を誇る人なら徒歩で行けないこともない。

シモーナさんのお父さんが、少し離れたところにあるプールを見せてくれた。「春や夏には美しい花が咲いて楽園のようなんだよ」と、人懐こいトスカーナ方言で説明してくれる。私たちに説明していたかと思うと、お父さんの後ろを常にひっついて歩いている飼い犬にも、愛情たっぷりに話しかけている。

この日の宿泊客は私たちのみで、レストランで夕食をとれるのか不安であったが、皆で一緒に食べましょうというので、驚いた。レストランはメインの建物の2階にあるが、今日は人数も少ないので、1階の家庭的な雰囲気の部屋で食べる。入口には、トスカーナ州が舞台であるピノッキオの人形や、農家をイメージさせる小物が飾られている。シモーナさんの古くからの友人も来ていて、まるで彼女の家に招待されているかのようだった。

前菜はチーズやサラミ、ズッキーニのスフレなど。カルボナーラのスパゲティはレモンの風味がきいていて、卵ソースの火の通し具合だけでなく、パスタの茹で具合も硬めのアルデンテで完璧だった。ローズマリーがあしらわれた肉料理も、とても柔らかくておいしい。シモーナさん一家は、野菜や果物、ハーブをプール横の畑で育てていて、料理にふんだんに使っている。

その日、私は車の運転で疲れていたので、会話をしながらの食事中、正直うとうとしかける瞬間もあった。しかし、家族のように迎え入れてくれるあたたかさは、シモーナさん一家ならではだと感じた。

食後は少し集落を散歩した。本当に人が住んでいるのかと疑わしくなるほど静かだ。段差が多いので、足元に注意して歩かねばならない。部屋に戻り、1階にある台所のテーブルで仕事をしようとしたが、あまりの寒さで断念した。2階に上がり、子どもたちが眠る暖かいベッドに滑り込んで、眠りについた。

翌朝は、ニワトリの鳴き声で目が覚めた。朝食はシモーナさんが、たくさんの甘い物を準備していてくれた。タルトにマドレーヌ、パウンドケーキ、クロワッサン、手作りのジャム。ジャムのフルーツももちろん自家栽培だ。すべてが美しい器や籠に入れられて並んでいた。シモーナさんの植物や花を愛する姿、食材を丁寧に扱う姿勢を見ると、単なるサービス業という以上に、もっと大きな目的に向かって仕事をしていることが分かる。

シンプルで小さなスケールではあるけれども、充実した滞在を叶えさせてくれる、シモーナさんの世界観に入り込んだ2日間であった。

[上]レモンの風味がきいた、カルボナーラ・スパゲティ。
[右下]トスカーナらしく、ピノッキオの人形が飾られていた。
[左下]庭の一角にあった、「虫の宿」。夏は虫が多そうだ。

Il Canto del Maggio

HP http://www.cantodelmaggio.com/
住所 Località la Penna Alta 30/D, 52028 Terranuova Bracciolini (AR)
電話 +39-3392-641672
アクセス フィレンツェ＝ペレトラ空港から車で約1時間。または、フィレンツェ・サンタ・マリア・ノヴェッラ駅から電車でモンテヴァルキ・テッラヌオーヴァ駅まで行き（約40分）、そこから送迎サービスで約20分

MEMO 料理には自家製の野菜やハーブが使われている。集落には階段が多いので注意

ロカンダ・セニオは、毎年のようにミシュランの星を獲得している昔ながらのロカンダ(食事付き民宿)。揚げパンにクリームチーズやトマトジャム、蜂蜜をつけていただく前菜は、別の場所にあった前身のレストランから続く自慢のメニュー。

16 トスカーナ州パラッツオーロ・スル・セニオ

癒しのバカンス村にある ミシュラン常連の美食の宿

ロカンダ・セニオ

文=中橋恵

Locanda Senio, Palazzuolo sul Senio

パラッツオーロ・スル・セニオは、山に囲まれた人口約1100人の小さな村。その風景は、どことなく日本の里山を思い起こさせる。

フィレンツェから山奥へ2時間ほど車を走らせたところに、パラッツオーロ・スル・セニオと呼ばれる里山リゾートの村がある。そこに素敵なアルベルゴ・ディフーゾがあるというので、泊まってみることにした。

村までの山道は、霧で視界が全くきかなかった。電話もWi-Fiも繋がらない中で、すれ違った車はたった1台。あとは霧の中を駆ける馬に遭遇しただけだった。

フィレンツェ北東部のこの山間地はムジェッロ地方と呼ばれ、フィレンツェからボローニャ地方への通過地点として、経済的にも文化的にも独自の世界を形成してきた。平野が少なく地理的に町をつくりにくかったため、小さな村があちこちに散らばっている。その中の一つ、すり鉢状の盆地にあるのが、パラッツオーロ・スル・セニオ村だ。

ようやく村に着くと、「有機食品の村」「イタリアの理想の休暇村」など、様々な看板が出ている。歩いている人に、目的の美食の宿ロカンダ・セニオの場所を尋ねると、快く教えてくれた。いい予感がする。

宿の入口から大声で「ボンジョルノ！」と呼んでみる。ご主人のエルコレさんが、「いらっしゃい、待っていましたよ」と迎えてくれた。まずは泊まる「家」を案内してもらう。路地に面した入口から細い階段を登って2階に上がると、暖炉のあるリビングのほかに、簡易キッチンとダブルベッドの寝室がある。家具はイタリアの住宅で見かける伝統的なスタイル。以前は、どんな人が住んでいたのだろう。

日が暮れる前に、子どもたちを誘って村に散歩に出かけた。ちょうどクリスマスシーズンだったので、どの家の窓や玄関も趣向を凝らしたオーナメントが飾られていて、可愛らしい。村のおじいさんが話しかけてきて、自分のつくったプレゼーペ（キリスト誕生の様子を表現した人形や模型）を見せてくれた。電動の水車が回り、本物の水が流れるというずいぶん本格的なもので、娘と息子は「わぁ！」と歓喜の声をあげた。おじいさんは、「何ヶ月もかけてつくったんだ」と誇らしげだった。

村の中心を流れるセニオ川沿いに、中世の雰囲気を残す住宅が建ち並ぶ。寒い日だったので、煙突からは煙が立ち上っていた。

Locanda Senio, Palazzuolo sul Senio

村は３６０度山に囲まれているので、サイクリングやバイク、トレッキングの愛好家に人気がある。人口が１１００人ほどと小さな村なのに、観光地としての設備が整っているのには驚いた。夏がハイシーズンで、オランダ、ドイツなどからの観光客が多いという。川沿いの公園には、汗をかいた人のためのシャワー室や、コインを入れて利用できる自転車洗浄場なども設置されている。ツーリストインフォメーションはもちろん、小さな博物館も2つあり、無料のＷｉ-Ｆｉゾーンまである。

文具や手芸用品から寝具までを売っている何でも屋さんがあったので、入って

クリスマスシーズンだったので、村中にプレゼーペが飾られていた。
こちらは折り紙でつくった兜の上に、小さな聖母子像を載せたもの。

[右]おじいさんがつくったジオラマ風の大きなプレゼーペは、電気が点灯する本格的なもの。
[左]キリスト誕生の様子が描かれたトタン。

[右]ロカンダ・セニオのメインの建物。1階にレストラン、2階に朝食ルーム、3階に客室がある、伝統的なロカンダのスタイルだ。
[左上]オーナーのエルコレさん。いまも奥さんとともに、レストランで腕をふるう。
[左下]宿泊用の「家」は、村にも点在している。室内は懐かしい雰囲気。

Locanda Senio, Palazzuolo sul Senio

みた。入口にある薪ストーブの横には、店の女性の母親であろうか、かなり高齢のおばあさんがじっと座っている。私たちが、一緒に来られなかった夫へのクリスマスプレゼントとしてパジャマを買いたいとカウンターの女性に伝えると、おばあさんは座ったままあれこれと指示をして、店の女性にあるかぎりのパジャマを出させた。その間、何人かの村人が買物にやってきたが、急ぐ様子もなければ、待たせていることを詫びる様子もない。とにかく、すべてがとてもゆっくりなのである。

霧も出てきて寒くなってきたので、部屋に戻った。冬は宿泊者があまりいないからか、家の中は冷え切っている。自分たちで暖炉に火をおこし、子どもたちに本を読み聞かせながら夕食の時間を待っていると、中世ヨーロッパの童話の世界に入ったような気分になった。

夕食は、1階のレストランで食べる。エルコレさんはもともと料理人で、この宿もレストランからスタートした。地元の伝統的な料理をエルコレさんならではのスタイルで表現しており、ミシュランの常連店だという。奥さんのロベルタさ

［左］伝統的なインテリアのレストラン。
［右上］ミートソースで和えた幅広の手打ちパスタ。
［右下］デザートのパンナコッタの後に、コーヒーとともに出てきた焼き菓子。これらももちろん手作り。

んと一緒に調理し、テーブルに運んでくるのは話し好きなエルコレさんだ。私たちのテーブルに来るたびに、エルコレさんは子どもたちの笑いを誘うような言葉をかけてくれる。まさにイタリアの昔懐かしいロカンダ（食事付き民宿）のご主人である。

「もう何年も前から、ドイツなどからのバカンス客が増えているね。この店でも、最初はビールなんて出したくなかったけど、メニューに置くようになったくらいだよ」と、エルコレさん。なるほど、文化が違う観光客を受け入れるには、寛容さが大切なのだ。昔からの常連のように迎えてくれて、肩肘のはらない雰囲気で料理を楽しむことができて、私たちはお腹も心も満足した。

　レストランのある建物の上階の部屋は、近年すべて改装され、外観からは想像もできないような近代的なインテリアになったという。冬の寒さが苦手な人は、こちらの部屋にするとよいだろう。

　この村の周辺には、無数の美しい小さな集落《ボルゴ》が点在している。次はもう少し足を延ばして、陶器の町として知られるファエンツァや、東西ローマ帝国の首府であったラヴェンナへも行ってみたくなった。

Locanda Senio

HP https://www.locandasenio.com/it/
住所 Via Borgo dell'Ore 1, 50035 Palazzuolo sul Senio (FI)
電話 +39-0558-046019
アクセス フィレンツェ＝ペレトラ空港から車で約1時間45分。または、フィレンツェ・サンタ・マリア・ノヴェッラ駅から電車でマッラーディ駅まで行き（約1時間15分）、そこから送迎サービスで約25分

MEMO 村の周辺にはワイナリーやチーズ工房もあり、美食の旅にぴったり

17 トスカーナ州リッチャーナ・ナルディ

採れたての食材を味わえる大自然に抱かれたアグリツーリズモの宿

モンターニャ・ヴェルデ

文＝中橋恵

Montagna Verde, Licciana Nardi

リッチャーナ・ナルディは、リグーリア州とエミリア・ロマーニャ州両方の境に近い、人口約5000人の農村。アグリツーリズモの宿でもあるモンターニャ・ヴェルデは、村の中心からは少し離れたアペッラという集落の中にある。

1｜かつて修道院だった建物を改修した、モンターニャ・ヴェルデのメインの建物。2｜歴史を感じる岩壁をそのまま活かした寝室。3｜見晴らしのよいプールもあった。4｜敷地内ではウサギやニワトリなども飼われていた。5｜宿の周囲は自然でいっぱい。山道ではヤギの群れに出くわした。

ミラノからUターンして宿の経営責任者になった、バルバラさん。

Montagna Verde, Licciana Nardi

ピサから車で海岸線を北に向かって走った後、くねくね曲がる山道をひたすら上っていく。道中、小屋に戻る途中のヤギの群れに出くわし立往生しつつも、山の奥へ奥へと進んでいく。すると、突然、塔のある石造りの建築物が見えた。鐘楼付きの修道院を再利用したこの建物が、今日宿泊するモンターニャ・ヴェルデの、レセプション兼レストランである。ここは、アルベルゴ・ディフーゾでありながら、同時に本格的なアグリツーリズモ（グリーンツーリズム）でもあるという、ほぼ唯一の宿だ。

オーナーのバルバラさんは、いかにも快活そうな女性だった。もともとは彼女のお父さんで元教師のマリオ・マフェイさんが、過疎化が進んで見捨てられていた土地を買い集め、有機農業のアグリツーリズモをスタートさせたのだそうだ。それが軌道に乗った頃から、1キロほど離れた山の上の集落の空き家も少しずつ購入して、アルベルゴ・ディフーゾ協会にも登録されたという。イタリアには約2万軒ものアグリツーリズモが存在するが、200ヘクタールもの広大な農地で農業と酪農の両方を行ない、農文化教育や地域学習にも力を入れているところは、少ないのではないだろうか。

お父さんは、バルバラさんにすべてを任せた今でも、ほぼ毎日宿や農地に来てニコニコしている。この地域では地域再生の名士であるはずだが、とても謙虚だ。バルバラさんはお父さんの仕事を引き継ぐため、ミラノでの設計事務所の仕事をやめて戻ってきたそうだ。「父はインターネットが全く使えなかったし、外国人観光客をどうもてなしたらいいか困っていたの。ミラノは好きだったけど、戻ってきてよかったわ」と笑う。

近郊にはピサやチンクエ・テッレなど

世界遺産がたくさんあるが、ホテル料金の高騰が著しい。この村に1週間ほどゆっくり滞在しながらそれらの観光地にも足を延ばす。そんな北ヨーロッパからの観光客も増えているという。

ルーマニア出身のアレッサンドラさんが、客室のある集落を案内してくれた。どこも比較的新しい部屋ばかりで、日当たりがよい。私たちが泊まる部屋はかつて農家だった大きな建物を改修した宿泊棟の中にあり、ダブルベッドとシングルベッド、台所までついた60平米ほどの大きな部屋だった。集落の中には、現在高齢者ばかり8人が住んでいる。彼女の姿を見て、ベランダから親しげに声をかけてくるおばあさんもいて、普段から仲がよさそうである。また、息子さんと一緒に薪の準備をしている老女にも出会った。話しかけると、「山の冬は厳しいから、今から準備しておくの。一人ではできないから、こうして息子が来てくれたときにするのよ」と教えてくれた。

夕食の時間も近づいてきたので、私と子どもたちは、レストランのあるメインの建物まで散歩しながら下りていくことにした。紅葉の山道は、空気が澄んでいて気持ちがいい。途中、ヤギやウサギ、ニワトリなどが飼われているミニ動物園を通った。これもバルバラさんがつくったそうだ。

[右]レストランでは農園内で育てられた様々な食材を味わうことができる。有機栽培の栗粉からつくったカスタナッチョ(左奥)というお菓子は、素朴ながらも絶品!
[左]新鮮な肉やチーズをふんだんに使った手打ちパスタ。

バルバラさんたちは、レストランで出されるほとんどの食材を自家生産している。チーズからサラミ、卵、ソーセージ、オリーブオイル、蜂蜜にいたるまで、すべて自前の農場や酪農場でつくられたものだ。前菜はどれも新鮮で、数人で食べるのにぴったりのボリュームだ。特に、自家製の栗の粉を使ったカスタナッチョというトスカーナ名物の焼き菓子は、香ばしい風味が最高で、濃厚なクリームチーズとの相性が抜群だった。続いて出てきた数種類のパスタは、もちろんすべて手打ち。自由飼育で育てた牛や豚を使ったメインの肉料理は、新鮮で臭みがまったくない。野菜料理をいただくと、大地の香りが口いっぱいに広がる。

バルバラさんは、従業員にすべてを任せておくこともできるのに、遅くまで各テーブルをくるくると回ってお客さんたちをもてなしている。そんな姿に影響されるのか、どの従業員も心のこもったサービスをしてくれた。その真心に感動し、

[上]バルバラさんのお父さんのマリオさん(右端)と、宿のスタッフ。バルバラさんの弟のルカさん(左から2番目)はキッチン担当。
[下]花が咲き乱れる裏庭。ちょっとした遊具もあるので、子連れでのんびり滞在するのも楽しそう。

朝食も担当してくれた、アレッサンドラさん。

Montagna Verde, Licciana Nardi

特に時間を割いて対応してくれた女性にチップを渡そうとしたが、断られてしまった。代わりに、あらかじめ用意しておいた日本のお土産を渡すと、とても喜んでくれた。

誰もが田舎の農地や家を捨てて出ていった時代に、愛する土地を復興させようとしてはじまったアグリツーリズモは、次の世代にアルベルゴ・ディフーゾへと進化した。オーナー親子の郷土愛が、地元の風景や農産物を蘇らせたのだ。生まれた土地に戻ってくる人と、外からやってくる観光客の両方を幸せな気分にさせてくれる、ベストな形といえるだろう。

Montagna Verde

HP http://montagnaverde.it/
住所 Località Torre di Apella 1, 54016 Licciana Nardi (MS)
電話 +39-0187-421203
アクセス ピサ空港から車で約1時間30分

MEMO すばらしい料理とおもてなしで、コストバリュー高し

column

アルベルゴ・ディフーゾから考える、日本のまちづくり

アルベルゴ・ディフーゾの思想は、観光地に建つ巨大な箱型ホテルに、真っ向から反対するものだ。かつて日本でも、朝市からカラオケ、夜のショー、夜食のラーメンまで一つのホテルで完結する「囲い込み型」の大ホテルが流行だった。しかし大ホテルが栄える一方、地域は痩せ細り、長い目で見ると観光地としての魅力が薄れることがわかってきた。

現在、限界集落を放棄し、「コンパクトシティ」を進めようとする政策がある。日本全国で高齢化が進み、空き家が800万戸にも達し、地方には仕事がなく、各自治体が税収減に悩んでいる。そういったなかで、都市機能や居住地域を小さくまとめて、行政効率のよいまちづくりを目指すものだ。でもそうすると、いわゆる限界集落などは支えられなくなり、放棄されていく。アルベルゴ・ディフーゾはこうした集落を救う一つの方法であった。

一方で、政策と逆行するように、日本でも自然環境がよく、地価の安い地方で、農業や漁業、教育や福祉などで自分なりに事業を起こしたいという若者も増えている。総務省の「地域おこし協力隊」などの若者雇用やIターン政策も進められている。こうした状況のなか、アルベルゴ・ディフーゾの試みは、大きなヒントになるだろう。

また日本でも、古民家をリノベーションしたゲストハウスや、集落の文化資産を生かした分散型の宿が増えつつあるが、多くは行政や国の補助金が入っていて、それがまた画一的なモデルとなりがちである。自分の町を愛し、リノベーションも地域に根ざしたやり方を選んで、「みんなでよくなろう」とするイタリアの個性的な宿づくりには、学ぶところが多い。

ただ、実際にイタリアのアルベルゴ・ディフーゾに泊まってみて思ったのは、そもそも、日本には1週間こうした宿に滞在できるような長期のバカンスがないということだ。また、ドイツやフランス、北欧などから、比較的ゆとりのある人々が車で旅をするということも期待できない。また、トイレや風呂に対する感受性がちがうのか、日本のゲストハウスや町宿には、トイレやシャワー、バスなどの設備が圧倒的に足りないような気がする。そんなことに気づいたのも、この旅の最中だった。

［森まゆみ］

ランプをモチーフにした、アルベルゴ・ディフーゾ協会のシンボルマーク。

アルベルゴ・ディフーゾ協会会長のダッラーラさんと、著者の2人（左から中橋、森の両氏）。

interview

アルベルゴ・ディフーゾ誕生の陰に、日本あり!?

――ジャンカルロ・ダッラーラ会長インタビュー

そもそもアルベルゴ・ディフーゾは、いつ、どのようにして生まれたものなのだろうか。その生みの親であり、アルベルゴ・ディフーゾ協会の会長を務めるジャンカルロ・ダッラーラさんに、ウンブリア州の町、チッタ・デッラ・ピエーヴェで話を聞くことができた。夫人といらしたダッラーラさんは小柄で細身の紳士で、やさしい笑顔が印象的だった。

「1976年にヴェネツィア北部のフリウリという山深い地域で、M6・5の大地震が起きました。この地震の後、崩れた集落には到底住めないと、若者を中心に故郷を捨て都会に出ていく動きが起きたのです。当時、私はイタリア中北部のいくつかの州で観光組合や宿泊業組合の会長やコンサルタントをしていましたが、廃墟と化した集落をどうにかして再生できないかと考え、空き家を改修し、それを水平方向につなげたネットワーク型の宿を思いつきました。この考えが最初に実現したのは1995年でしたが、以来ゆっくりと広がっていき、2006年には協会もできました。今はイタリア南部のプーリア州やシチリア州、サルデーニャ州にも多くの宿が誕生し、イタリア各州もこれに対する法律や条例を整えつつあります。

アルベルゴ・ディフーゾを考案するにあたっては、2つのことがヒントになりました。一つは、イタリアの家族のあり方です。イタリアでは子どもは結婚しても、親の近くに住みたがります。家族が大事ですし、マンマの味を食べたい。このことから家族や兄弟のようにつながる、ネットワーク型の宿を思いつきました。もう一つは、日本の旅館に泊まったときに、欧米の近代的・画一的なホテルとは違うことに気づきました。それぞれの部屋にバリエーションがあり、部屋付きの仲居さんもいる。親切で、なんでもしてくれて、あたかも部屋が一つの家のようでした。さらに外に出ると、そこにはヒューマンスケールの町並みがあって、共同浴場や土産物屋、射的場まであった。そこからイタリアでも古い民家を改修して、土地の文化を大事にしたおもてなしをする宿を考えたのです」

現在、協会には101（2018年4月現在）の宿が登録されている。事業主はほとんどが民間だが、一人でやっているところ、家族経営のところ、地域の協会や団体で経営しているところなど、その形態は様々だ。年に1回、問題点を話し合うための総会を開いており、スペイン、クロアチア、スイスなどにも、アルベルゴ・ディフーゾが生まれているところだという。最近では、日本でも空いた古民家を何棟か利用した分散型の宿泊施設をつくろうとする動きが盛んになっており、アクセスの悪さをものともせず、固有の体験をするため訪れる人が増えている。

［森まゆみ］

18 エミリア・ロマーニャ州ポルティコ・ディ・ロマーニャ

絵画のように美しい村で貴族の旧邸に泊まる

アル・ヴェッキオ・コンヴェント

文=中橋恵

Al Vecchio Convento, Portico di Romagna

ちょうどクリスマスシーズンだったので、生木やリースで賑々しく飾りつけられた通りを散策。小さな村ならではのクリスマスも楽しい。

霧がかかって幻想的な川の景観。少し先には14世紀のものだという石のアーチ橋がかかっていた。

Al Vecchio Convento, Portico di Romagna

フィレンツェを車で発ち、北東方向に延びる道を行くこと約2時間。次第に細く、険しくなっていく山道を進む。一軒家が一つ、二つと見えてきたときには、思わず胸を撫で下ろした。アル・ヴェッキオ・コンヴェントのあるポルティコ・ディ・ロマーニャ村に、ようやく到着だ。

宿のオーナーであるマリーザさんは、元気いっぱいの60代の女性だ。「今の時期は、村中にクリスマスの飾りつけがされているから、散歩に行くといいわ。小さい村だからすぐに見終わってしまうけど、あはは！」と、とても明るい。子どもたちと村を歩くと、あちこちに生木のリースやツリーが飾られているだけでなく、それぞれの家の前に趣向を凝らしたプレゼーペもあって、村中の路地が博物館のようだ。

村内には、銀行、郵便局、肉屋、薬局、陶芸用品の店のほか、バールが1軒ある。このバールにはお爺さんが3〜4人座っており、子どもたちを見てただニコニコしていた。数年前に最後の食料品店が閉店した後に、簡単な日用品やハムやチーズなどの食材を売るコーナーをバールの

レストランの大広間。もともとレストランからスタートしたロカンダということもあり、伝統的な郷土料理をいただける。

中に備えたという。部屋で食べる軽食を買うのにもよさそうだ。

村名のポルティコ・ディ・ロマーニャのポルティコとは、「柱廊」という意味だ。柱で支えられた吹きさらしの廊下から小さなトンネルまで、広い意味を示す言葉だという。その言葉の通り、村にはアーチでできたトンネルがいくつもある。村のふもとには印象派の絵画に出てくるような美しい川が流れていて、夏は泳ぐこともできるという。

川辺から山の方へ少し登ってみると、木々のなかに重厚な石造りの住宅が積み重なっているのが見えた。どの家も間口が狭く、垂直に3〜4層が重なる塔のような形状をしている。1階は倉庫、2階は台所と居間、3階は寝室になっていることが多いという。毎日階段を上り下りするのは不便だろうが、美しい村の姿を住民たちが誇りに思っているから、守られてきたのだろう。村の景観は、何世紀もかけて積み重ねられてきた、住民の財産なのだ。

アル・ヴェッキオ・コンヴェントは、レストランと宿屋が一体となった、昔ながらのスタイルのロカンダだ。マリーザ

[右]アル・ヴェッキオ・コンヴェントの建物は、もともと貴族の館として建てられ、その後修道院として使われていたもの。宿の中にエレベーターはないので、この階段を上り下りする。
[左上]メインの建物の上階にある客室は、クラシックで上品な雰囲気。
[左下]ポルティコ・ディ・ロマーニャは、川に沿って発達した、人口約250人の小さな村。川沿いには重厚な石造りの住宅が建ち並び、一軒一軒が塔のように縦に伸びた独特の外観をしていた。

さん夫婦は、19世紀の貴族のパラッツォ（邸宅）だったこの建物で最初のレストラン兼宿屋を成功させた。その後、少しずつ空き家を購入しては改修して、宿泊できる「家」を村の中に増やしていった。

レストランで料理を担当しているのは、父親から手ほどきを受けたマリーザさんの2人の息子たち。もちろん料理は、すべて地元の食材を使っており、こうした地産地消をイタリア語ではキロメトロ・ゼロ（0km）という。夕食前に厨房を見せてもらうと、大量の料理を忙しそうにつくりながら、カメラに向かってニコニコとポーズをとってくれた。

団体の予約でもあるのかと思ったら、「明日僕たちは、近くの村にボランティアでクリスマス・ランチを持っていくことになっているから、寝ずに準備しているところなんだよ！」と張り切っていた。12月はイタリア中で、教会団体や慈善団体などが恵まれない人たちにクリスマスの食事を提供する習慣があるのだ。わざとらしく地元に貢献しているとアピールするのではなく、人間として当たり前という姿勢に心をうたれた。

子どもたちは、マリーザさんのお孫さ

オーナーのマリーザさんの2人の息子さんは、厨房でボランティア・ランチの準備中。ともに、村に旅行に来ていたデンマーク人の女性と結婚したため、宿には北欧からのお客さんが多い。

んであるエンマちゃんとすぐに仲良しになった。7歳のエンマちゃんはイタリアでは小学3年生。村に子どもが少ないので、3年生から最高学年の5年生までの複合クラスだそうだ。それでも6人しかいないのだという。1階のレストランで、みんなで一緒に夕食をいただくことになった。

部屋の壁や天井の歴史ある造りを仰ぎながら、赤々と燃える暖炉の横でゆっくり食べる食事は格別だった。手打ちパスタのボロネーズソースに、牛スネ肉の煮込み、この時期に出回るカルディと呼ばれる根菜の炒め物など、どれもしっかりとした味なのは、寒い地方だからだろうか。赤ワインを少々飲み過ぎても、同じ建物の部屋に泊まれば、上の階に上がるだけである。古い建物なので、エレベーターはもちろんついていない。かつてこの屋敷に住んでいた貴族の女性たちが、ドレスを床にひきずって歩く様を想像しながら、階段をゆっくり優雅に上がることにした。

山奥にひっそりとたたずむ村で、こんなにあたたかいおもてなしを体験できるとは想像していなかった。すべてが忘れられない思い出となって、私たちの心に刻まれた。美しい絵画の風景の中に入り込んだような体験だった。

Al Vecchio Convento, Portico di Romagna

宿のレストランでは、エミリア・ロマーニャ州の伝統的な料理をいただける。牛スネ肉の煮込みにも、ポレンタ(トウモロコシの粉を煮たもの)が添えられていた。

Al Vecchio Convento

HP http://www.vecchioconvento.it/it/
住所 Via Roma 7, 47010 Portico di Romagna (FC)
電話 +39-0543-967053
アクセス ボローニャ空港から車で約1時間30分

MEMO 家族経営ならではの、あたたかいおもてなしが印象的

19 ピエモンテ州カノージオ

記憶に残る滞在が約束される 絶景の山岳集落の宿

ロカンダ・デッリ・エルフィ

文=中橋恵

Locanda degli Elfi,

Canosio

フランスとの国境付近にあるカノージオは、人口約80人の小さな村。ロカンダ・デッリ・エルフィのある集落は、その外れにある。標高約2000mを超える息を呑むような山岳風景の中を、一人黙々とトレッキングをする男性がいた。

イタリア北部には、アルベルゴ・ディフーゾはそれほど多くない。産業が発達していて経済的に豊かなため、集落を再生させて観光客を呼び込もうとする動きがあまりないからだ。しかし、フランスとの国境近くにある山奥の集落に、山小屋スタイルのアルベルゴ・ディフーゾがあると聞いて、何としてでも行きたいと思った。

ロカンダ・デッリ・エルフィというその宿は、通常は雪が深くなる10月中旬〜1月末までは閉めてしまうが、取材ということで特別に10月末に開けてくれることになった。まだ暖かいナポリから飛行機でトリノへ飛び、そこから電車でおよそ1時間半かけてクネオという町まで移動して、あとは車になる。予約したミニタクシーに乗り込み、窓から景色を眺めながら寂しい山道をさらに1時間半ほど進むと「アルプスの少女ハイジ」に出てくるような山小屋が見えてきた。本当に小さな集落だった。

宿に到着すると、オーナー夫妻のジュゼッペさんとジェンニさんが笑顔で出迎えてくれた。「普通は10月半ばにもなると、1メートルぐらい雪が積もっているけど、今年は暖かいの。今日は太陽まで出ていてラッキーよ。日が沈む前に、急いでこのあたりを案内するわね」と言うので、子どもたちを急かしてまた外に出る。

Locanda degli Elfi, Canosio

冬には住民が誰もいなくなるという限界集落の中にぽつんと建つ、ロカンダ・デッリ・エルフィ。中橋さんがこれまで訪れた何十軒ものアルベルゴ・ディフーゾの中で、一、二を争うほど印象深い宿だという。

宿の周辺には、息を呑むような深い森が広がっていた。まるでヘンゼルとグレーテルのような、おとぎ話の世界に迷い込んだかのようだ。紅葉のピークは過ぎていたが、その奥には荒々しい山並みが広がっていて、夢中でカメラのシャッターを切る。

世界遺産でもあるイタリア北東部の山岳地、ドロミテに勝るとも劣らぬ美しさだ。つい「ドロミテみたいにきれいですね!」と言ってしまい、すぐにジュゼッペさんに「いえ、ドロミテ以上ですよ!」と釘をさされた。ここにはトレッキングを目的にやってくる旅行者が多いが、普通の山岳リゾートとは違ってリフトがない。そのため、冬季はスノーシュー（かんじき）を履いての雪山歩きになる。スキーも板をかついで歩かなければならないが、喧騒のない静かな山を好む上級者

集落のまわりを散策中。深い森の麓に伝統的な造りの民家が肩を寄せ合うように建つ。童話の世界に入り込んだかのような風景。

がやってくるそうだ。

眼前には、標高2000メートルを超える峠が連なる。山を越えて10キロもいけば、すぐにフランスとの国境である。この集落と南フランスとは、現在の国境区分では別々の国に分かれているが、オクシタニアと呼ばれる同じ文化圏に属している。オクシタニアとは南仏を中心としたオック語を話す人々の住む地域で、スペイン・カタルーニャ地方の一部も含まれている。かつては独立を求めた時代もあったが失敗し、現在はそれぞれの地域で細々と文化が引き継がれているようだ。今でも高齢の住民の中には、オック語しか話せない人がいるという。

ちなみに、この集落の人口は20人ほど。「ほど」というのは、ほとんどが一人暮らしをしているお年寄りで、雪が積もる時期には大きな町に住む息子や娘の家に一時的に引っ越してしまうため、はっきりした数字が分からないのだ。集落にある住宅の一つは工事中で、サイクリング用品の店をオープンする予定だそうだ。来年あたりには人口が少し増えているかもしれない。

夕食は、レセプションの2階にあるレ

[上]村でつくられた濃厚でねっとりとしたチーズのソースで和えられたニョッキ。
[下]ジュゼッペさんとジェンニさんの夫婦で宿を経営。料理を担当するのは、奥さんのジェンニさん。

近くに店はないので、夕食はもちろん宿のレストランで。イワシの塩漬けを載せたポレンタ、煮豆、鮭のグリルなどが並んだ、シンプルながらも心のこもった前菜。

Locanda degli Elfi, Canosio

ストランで食べる。調理を担当するのは、地域の文化や歴史に造詣が深いジェンニさんだ。前菜の一つに、ポレンタ（トウモロコシの粉を煮たもの）の上にイワシの塩漬けを載せたものがあった。中世からの伝統料理だという。交通手段も乏しい時代になぜ山奥でイワシが食べられたのかと不思議に思っていたら、山暮らしで欠乏しがちなヨウ素や鉄分を多く含む塩漬けイワシを海岸から仕入れ、山々で売り歩く行商人が古くからいたのだとか。

続いて、チーズソースで和えた手作りのニョッキが運ばれてきた。村内でつくられたノストラーレというチーズを使っているという。生産から加工まですべて地元で行われたことを示すD.O.P.という原産地保証制度に認定されていて、自然な風味が口いっぱいに広がる。パンもケーキもジャムも、もちろんすべてジェンニさんの手作りだ。

私たちの席の近くには大きな暖炉があり、オレンジ色の炎を眺めているだけで心があたたかくなった。かつてこのあたりでは、家族や建物単位ではなく、暖炉の数に応じて税金がかけられていたという。暖炉があるところには、小さな共同

[上]ツインベッドのある客室。窓の外には、山と川だけの静寂の世界が広がっている。
[下右]ジャグジーやサウナも完備。トレッキングの疲れを癒したい。
[下左]売店では、地元でつくられたハーブティーも販売していた。

体がある。そして共同体で助け合って生きる中で、血縁関係はなくとも「家族」としての結びつきが生まれていく。いま食事をしているこの部屋で、これまでどれほどの人たちが暖炉に集い「家族」になっていったのだろうか。そう考えずにはいられなかった。

夏には、あたり一面が花や草木の色と香りで埋め尽くされるという。フランス国境近くまでトレッキングすれば、鮮やかな緑に包まれた美しい湖が見られるだろう。次の予約を入れて、私たちは翌日、宿を後にした。

Locanda degli Elfi

HP http://www.locandaelfi.it/
住所 Borgata Preit 33, 12020 Canosio (CN)
電話 +39-0171-998206
オープン時期 1月末～4月末、5月中旬～10月中旬
アクセス トリノ空港から車で約3時間。または、トリノ・ポルタ・スーザ駅から電車でクネオ駅まで行き(約1時間30分)、そこから送迎サービスで約1時間30分

MEMO 絶景の中でのトレッキングは最高!

Borgo di Mustonate,
Varese

20 ロンバルディア州ヴァレーセ

カリスマオーナーが創った気品溢れる大人のリゾート

ボルゴ・ディ・ムストナーテ

文＝中橋恵

ボルゴ・ディ・ムストナーテは、大規模な投資によって生まれたリゾート感の強いアルベルゴ・ディフーゾ。広大な敷地の中に乗馬クラブがあり、乗馬体験や馬車に乗っての周遊を楽しむことができる。

あるとき、イタリア北部のロンバルディア州に行く用事があった。せっかくの機会なので、ボルゴ・ディ・ムストナーテというアルベルゴ・ディフーゾに泊まってみることにした。ミラノ中央駅からローカル線に約1時間乗ってヴァレーセという町まで行くと、駅には従業員のイレーネさんが迎えに来てくれていた。通常は送迎サービスは行なっていないそうだが、ヴァレーセは人口約8万人と比較的大きな町なので、駅でもタクシーを見つけやすいだろう。

車の中から、町の様子を注意深く観察する。このあたりは、北部同盟（現・同盟）という極右政党を支持する人が多いことで有名だからである。この政党は、イタリア中南部を切り離し、北部は独立するべきであると主張していたこともあり、私は違和感を持っていた。しかしざっと見た感じでは、道を歩く人々は、ごく普通のイタリア人にしか見えなかった。よく考えたら当然である。私も北イタリアの人たちを誤解していたのかもしれないと反省した。

駅から20分ほどで、ヴァレーセ湖のほとりにあるムストナーテ集落に到着した。

[上]ヴァレーセ湖からほど近い自然豊かな集落にある、ボルゴ・ディ・ムストナーテの全景。24haもの敷地の中に乗馬場やレストラン、バールなどの施設を置き、さらに敷地外の古民家も購入して客室にしている。
[下] 70頭の馬を有する広い乗馬場。柵から顔を出す馬を女の子が撫でていた。

ヴァレーセから北東へ30分も車で走れば、スイス国境である。自然が豊かなこの一帯は、スイスとイタリアの富裕層の別荘地帯として知られている。イレーネさんが、集落内を案内してくれた。20ヘクタールを超える広大な敷地の中に、レセプション棟、コンベンションルーム、レストラン、バール、地元の食材を販売する店、客室、乗馬場などが、分散して建っている。

　集落の中は、樹木や歩道、柵にいたるまでとてもきれいに整備されているので、閉じた巨大リゾート施設にいるような気分になる。しかし集落内には少ないながらも地元の人々が普通に暮らしており、施設を利用するために近隣の集落から来ている人も多い。乗馬クラブには70頭もの馬がおり、レトロな馬車に乗って優雅に自然の中を散策することもできるそうだ。集落の外に出れば、湖でカヌー、湖畔や丘でサイクリングやトレッキングなどを体験でき、ゴルフ場もあるという。

　イレーネさんは、私にかわいい一軒家を準備してくれていた。内装は品良くまとめられており、備品のティーセットは豪華な雰囲気だ。昔住んでいた人の生活感は全く感じない。ただ、窓からはすぐ横にある道路の交通音や住民の声が聞こえてきて、自分がいまホテルやコテージではなく、「家」に泊まっているのだと気づかされた。

　オーナーで経営者のフランチェスコさんは、何もなかった集落を品格あるスポーツ・リゾートへと蘇らせた、地元の名士である。夜に敷地内にあるレストランで、夕食をご一緒しながら話を聞くことができた。レストランは「ターナ・ドルソ（熊の隠れ家）」という店名の通り、狩猟でしとめた鹿の角などが飾られて、すこし野性的な雰囲気である。スローフード協会認定のシェフが腕をふるっているので、料理のクオリティとサービスは折

1｜宿が経営する高級路線のレストラン「ターナ・ドルソ」。2｜牛肉のタルタルは、スローフード協会が保護する地元の伝統メニュー。付け合わせに至るまできわめて洗練されている。3｜カリスマオーナーのフランチェスコ・アレッティ・モンターノさん。4｜敷地内にはバールなどのほか、地元の特産品を売るショップも。

り紙付きである。この地域の名物だという牛肉のタルタルを注文すると、ウイキョウをカラスミで和えたサラダが添えられていて、甘みのある牛肉とよく調和していた。

フランチェスコさんはミラノ出身だが、両親が近くに別荘を持っていたため、幼少期からこの集落のことをよく知っていたそうだ。銀行家として活躍して財産を築いたあと、大規模な投資を行なって、一大アルベルゴ・ディフーゾをつくった。いかにもミラノ人らしいスマートで聡明な投資家といった雰囲気ながら、地域の話題になると言葉に力がこもる。

「乗馬クラブは試行錯誤の末、思いついたアイデア。ここはもともと、スイスから来る人の通過地点でしたが、彼らはせいぜい1泊しか宿泊してくれない。イタリア人に来てもらうには何か大きな特徴が必要だったのです」

地元では、次々と誰も思いつかないことを成し遂げるフランチェスコさんのことを「クレイジー」呼ばわりする人もいるらしいが、そのカリスマ的な魅力で、地域の人たちを引っ張っているのだろう。

宿泊には朝食がついていなかったので、

翌朝は斜め向かいにあるバールで、クロワッサンとカプチーノですませた。バールの近くには地元の食材を販売する店があり、クッキー、マスタード、オリーブオイル、ワインなど、小さな生産者たちがつくる有機食品を扱っている。パッケージのデザインがどれも素敵で、大きな紙袋いっぱいに買物をしてしまった。地元の人も、クリスマスプレゼントを買いに来ていた。

[上]地元住民たちも行き来する並木道沿いに建つ、カラフルな客室。[左]宿泊した一軒家は2階建て。1階のリビングは優雅で、一流ホテルに滞在している気分。

部屋に戻る途中で、柵から顔を出した馬を撫でてはしゃぐ家族連れを見かけた。子どもは混雑する観光名所や博物館を慌しく巡るよりも、自分のペースで自然や動物に触れる方が楽しいだろう。午前中はスポーツをしたり湖畔を散策して汗を流し、午後は宿周辺で読書や散歩をしてのんびり過ごす。そして夜は宿のレストランか、近隣の食堂に行くというスローな観光がよさそうである。

集落内に住民は少ないので交流はあまり期待できないが、まさに保養地という言葉がぴったりのアルベルゴ・ディフーゾである。

Borgo di Mustonate, Varese

Borgo di Mustonate

HP http://www.borgodimustonate.it/
住所 Via Salvini 31, 21100 Varese (VA)
電話 +39-0332-320831
アクセス ミラノ・マルペンサ空港から車で約40分。または、ミラノ中央駅から電車でヴァレーセ駅まで行き(約1時間15分)、そこからタクシーで約20分

MEMO リゾート感たっぷりなので、田舎町での触れ合いを求める人には不向きかも

Alberghi Diffusi ?

概論

〈アルベルゴ・ディフーゾ〉とは何か

文＝中橋恵

そもそもアルベルゴ・ディフーゾとは、何なのだろうか。直訳すると「分散した宿」という意味だが、なんだか発音しにくいし、分かりにくい言葉である。

分かりにくいのは、名前だけではない。これまでイタリアに何度か旅行した経験がある人ほど、びっくりしてしまうような宿が多いのが、アルベルゴ・ディフーゾだ。レセプションに誰もいない、鍵が開かない、シャワーのお湯が出ない、キッチンの火が点かない——こんなトラブルがしょっちゅう起こる。トラブルが発生したときにスタッフをつかまえるのも一苦労で、何の知識もなしに泊まると戸惑うことだらけのはずだ。なぜ、こんな不便な宿にわざわざ泊まるのだろうか。

アルベルゴ・ディフーゾのアイデアは、1976年にヴェネツィア北部のフリウリで起こった地震のあと、住民が出ていって増えた空き家をどうにか観光に生かせないかということから発案された。その後、最初のアルベルゴ・ディフーゾができるまでに20年ちかくかかってしまったのは、宿泊業として認可されるまでに様々な障害を乗り越える必要があったからである。

この試みは、なぜイタリアで生まれたのだろうか。

◆イタリアらしい「宿」を目指して

まず「アルベルゴ」とは、イタリア語で「宿」という意味である。わざわざイタリア語で命名したのは、「ホテル」「リゾート」「ベッド・アンド・ブレックファースト（B&B）」などといった英語名の宿泊施設のスタイルが流行する中で、イタリアらしさを取り戻したいという想いが詰まっているからだ。イタリアを何度か旅した人の中には、ホテルの星の数とサービスの質とが必ずしも一致しないことに気付いた人もいるだろう。マニュアル通りに接客し、余計なことには介入しない高級ホテルによくあるスタイルは、個性豊かなイタリア人には向いていないのだ。

もともとイタリアには、昔ながらのやり方で経営される「ロカンダ」と呼ばれる食事処を兼ねた宿屋があった。宿の主人が旅人をあたたかく迎え入れ、おいしい地元の伝統料理でもてなしてくれる、日本でいえば「民宿」だ。17〜18世紀には、北ヨーロッパの上流階級の若者や文化人が、こぞってイタリアやフランスを目指して旅した。この、いわゆる「グランドツアー」の時代に、ロカンダは浸透した。この時代を描いたゲーテの『イタリア紀行』にも何度も登場し、これこそが、イタリアらしい伝統的なおもてなしであった。

しかし、昔ながらのロカンダのスタイルそのままでは、世界中からやってくる観光客に快適な滞在を提供することができない。そのためアルベルゴ・ディフーゾ協会では、各部屋にバス・トイレ、電話、冷蔵庫、Ｗｉ-Ｆｉなど、通常のホテルと同様の設備をすべて備えることが理想であると定義している。つまりアルベルゴ・ディフーゾとは、あたたかいロカンダのもてなしに、ホテルの快適さをプラスした、現代のイタリアらしい「おもてなしの宿」ということだ。

◆なぜ分散しているのか

一方、「ディフーゾ」とは、「散らばっている」という

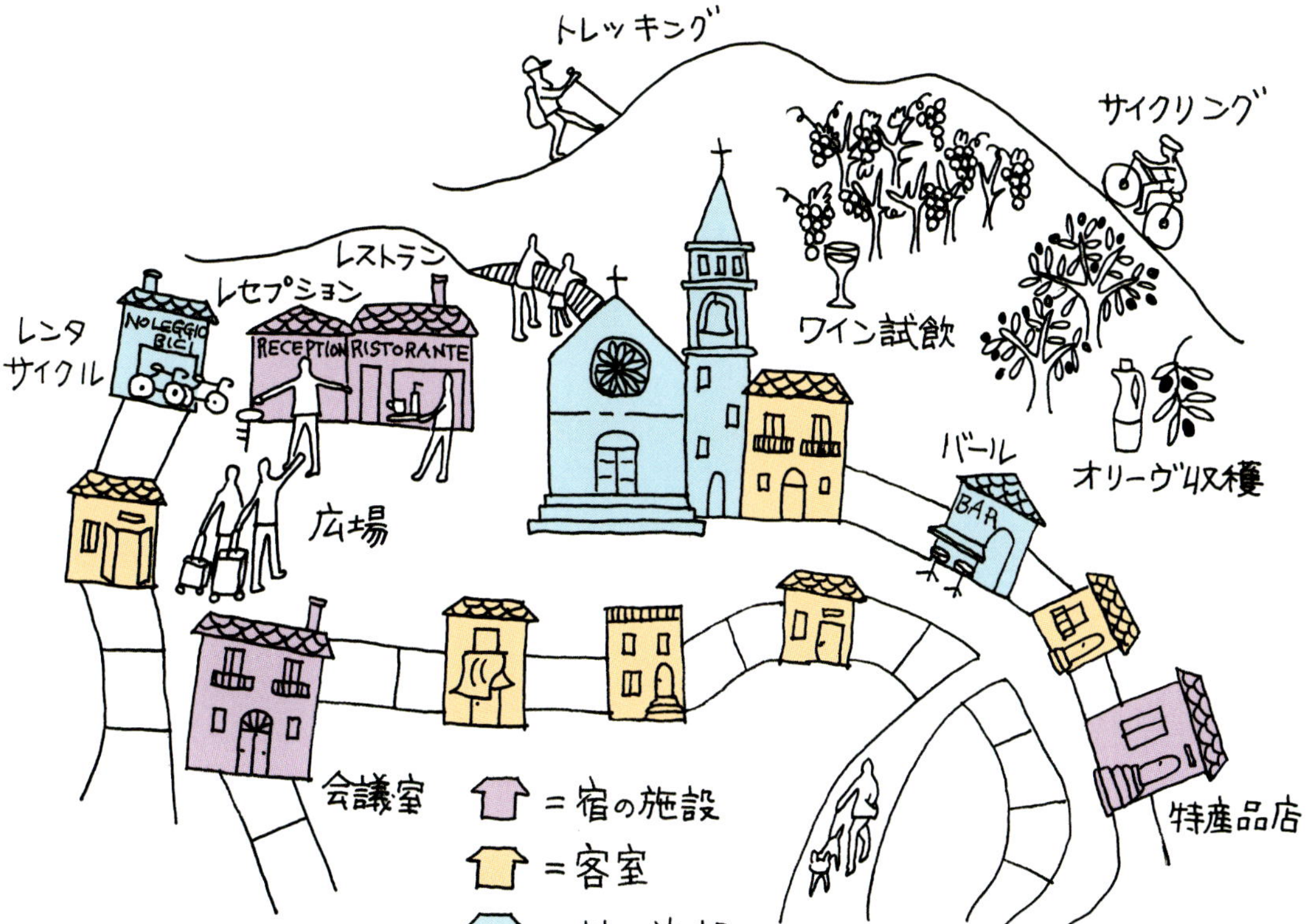

アルベルゴ・ディフーゾのモデル図
（絵＝中橋恵）

意味である。大きなホテルならば一つの建物の中にあるはずのレセプションや客室、朝食ルーム、レストラン、会議室、土産物屋、スパなどといった様々な施設が、小さな町や村の中に分散しているのだ。協会の定義では、観光客が無理なく移動できるよう、それぞれの建物は200メートル以内にあるべきだとしている。

アルベルゴ・ディフーゾで客室として使用されているのは、ほとんどがかつての空き家だ。イタリアは日本に次ぐ高齢化国家であり、廃墟化した集落や増え続ける空き家が大きな問題になっている。しかし、使われていない建物や空き家を客室として再利用することは、ヨーロッパにおいてそれほど珍しいことではない。古城や修道院跡、古い貴族のパラッツォ（邸宅）が、改修されたのちに学校や商業施設として使われるのはこれまでも普通に行なわれてきた。

アルベルゴ・ディフーゾが画期的だったのは、名もない建築家や職人がつくった古い住宅を、その土地の文化的遺産として価値を認めた上で再利用していることである。観光の目玉となるような史跡や建物がない小さな町や村でも、代々引き継がれてきた住宅を再利用することで魅力的な滞在拠点を作り出すことができる。そのため、客室は町や村のあちこちに散らばっているのだ。

また、宿の施設が町や村の中に点在していることで、地元住民とコミュニケーションをとりながら、暮らすように滞在できるのも魅力の一つだ。

◆ソット・レ・クメルセの例

本書で紹介したプーリア州のソット・レ・クメルセ（26〜31頁）は、少しずつ町の住宅を購入して客室の数を増やし、現在は11もの「家」を有しているそうだ。不動産業を営んでいたタニアさんのお父さんの代でスタートした宿であるが、最初は過疎の町の不動産に関心を寄せる変な人と陰口を叩かれたり、条例の要件を満たしていないと罰金を払わされることもあったという。宿泊する「家」が離れているため、家ごとに電気や水道、下水、ガスなどを引いて契約しなければならないのも大変だ。軌道に乗せるまでは、どのアルベルゴ・ディフーゾも苦労が多い。

しかしタニアさんのお父さんは、古民家だけでなく町の中にある廃業したレストランも購入し、町の人たちを積極的に雇用するなどして、地元とのつながりを保とうとした。さらに、かつてのレストランの名をあえて残すことで、時間の連続性を断ってしまわないように配慮したという。

そうした姿勢が、地元の人々にも伝わっていったのだろう。「家」のまわりには、いまも多くの人々が暮らしているが、視線が合えばみな「ボンジョルノ！」と声をかけてくれる。入口の鍵が開かずにオロオロしていると、どこからかおじさんが寄ってきて「ちょっと貸しなさい」と手助けをしてくれる。

ソット・レ・クメルセから車で10分ほど走ると、アルベロベッロという世界遺産の町に到着する。毎日、世界各国から大勢の観光客が大型バスでやってきて、土産物屋ばかりになってしまった町の路地巡りをする。住民も、何も買わない観光客にそっぽを向いている。

そちらを選ばずに、わざわざアルベルゴ・ディフーゾのある小さな町へ泊まりにくるのは、ほかでは味わうことのできない魅力と居心地のよさがあるからだ。

◆経営者には何が求められているのか

アルベルゴ・ディフーゾの経営者には、宿泊業としての事業の利益だけに留まらず、村の諸問題にも敏感で、社会問題に積極的に取り組んでいる人が多い。そのような経営者のところには、必ずよいスタッフが集まってくる。そしてよいスタッフたちが楽しそうに働いているところを見ると、村人も、自分の家の外壁を塗り直したり、窓枠を町の色と合わせたり、土産物屋やバールをやってみたりと、ポジティブな動きが出てくるようだ。「いま宿に誰が泊まっているの?」と、興味津々でスタッフに尋ねる住民にも多く出会った。村の人々も、旅行者が来たことで自分たちの生活の視野が広がったと感じるのだろう、村中に幸せオーラが漂いはじめる。

宿を経営するかぎりは、接客のプロでなければならない。しかしそれ以上に人間的魅力が強く感じられ、強烈に郷土愛を表現する人が、アルベルゴ・ディフーゾの経営者には多い。もちろん、きちんとリノベーションされた客室や快適な滞在のための設備は必要だ。しかしそれは、アルベルゴ・ディフーゾの最優先事項ではない。何よりも大切なのは、地域をひっぱっていく信頼できるリーダーがいること。そして、小さな試みでもいいから、地域の文化を守る活動を継続することである。そうすることで、地域の人たち自身が、どのようなアルベルゴ・ディフーゾがこの地域にはふさわしいのか、自分たちは地域のために何ができるのかを考えはじめる。建築家が出てきて改修をはじめるのは、その後である。

現在イタリアでは、アルベルゴ・ディフーゾの全国共通の条例がまだ完成していない。そのため、村の中にあるアルベルゴ・ディフーゾもあれば、古城や工場跡など一つの建造物だけを使ったところもある。そのことで多少混乱を招いている側面もあるが、裏を返せば、それぞれの宿が個性的ということだ。

残念ながらイタリアでも、空き家の再生だけが目的でアルベルゴ・ディフーゾをはじめたところは、経営不振に陥っていることが多い。町や村のリーダーともいえる経営者自身がどれだけその地域に貢献しているかが、アルベルゴ・ディフーゾのクオリティを決定づけており、本書はそうした優秀な地域リーダーの紹介でもある。彼らの生き方や哲学そのものが、地域再生の起爆剤となっているのだということを、2年以上に及ぶ取材を通じて感じた。

Alberghi Diffusi ?

旅に出る前に

文=中橋恵

旅程の組み方

まずは、気になるアルベルゴ・ディフーゾがあったら、どの季節に何をしたいかを考えるとよいだろう。アルベルゴ・ディフーゾは田舎にあることが多く、海水浴やサイクリングなどの目的によって、ベストシーズンが異なるからだ。宿と行く時季が決まったら、その宿を起点として、周辺をゆっくり観光するイメージが湧いてくるはずだ。

また小さな村ならではのイベントに合わせて、日程を組んでもよい。村に古くから伝わるお祭りや、秋の収穫祭、ワイン祭りなどのほか、クリスマスシーズンもお勧めだ。イタリアのクリスマスシーズンは12月8日から1月6日ごろまで続き、その間は賑やかなクリスマス・マーケットが開かれるほか、キリスト生誕の様子を表現したプレゼーペと呼ばれる模型が村中を彩る。

滞在期間としては、一つの宿にできれば2泊はしたいところだ。1泊だけの滞在だと、移動に時間がかかってしまい、せっかくの村の魅力や食事を堪能することができないどころか、疲れてしまうだけである。

予約の方法

多くの宿がホームページ（HP）を持っており、そこからクレジットカードを使って予約することができる。アルベルゴ・ディフーゾ協会のHP（http://www.alberghidiffusi.it/）からは、協会が認定したすべての宿の概要とともにHPの有無を確認することができるが、イタリア語や英語が中心。Booking.com（ブッキングドットコム）などの宿泊予約サイトかららならば、日本語での予約が可能だ。

ただ、アルベルゴ・ディフーゾの部屋は広さや間取りも多様である。不明点があれば、英語でよいので宿に直接メールを送り、希望の間取りや階段のきつさなどについて尋ねてみるとよい。しかし、日本のような懇切丁寧な返答を期待することはできない。時には返信が1行だけのこともあり、「歓迎されていないのかも……」と感じるかもしれないが、心配無用。できれば出発の1週間前〜前日までに予約確認のメールを送り、だいたいの到着時間を伝えておくとよい。

交通手段

宿の多くは空港や駅から離れたところにあるため、車での移動が便利だ。国際免許証を持っているならば、レンタカーを借りるのがよい。イタリアのレンタカーは、ほとんどがマニュアル車なので、オートマ車は早めの予約が必要だ。近年、スピード違反や一時停止違反などでの取り締まりも多く、帰国後に罰金の請求書が来ることもあるので、安全運転を心掛けたい。

小さな村では、駐車場を探すのに一苦労ということはないが、レセプションの場所が分かりにくいことも多い。迷ってしまったときのために、宿の電話番号は必ず控えておきたい。駐車場からかなりの斜面や階段を登らなければいけないときには、重いスーツケースは車のトランクに残して、宿には貴重品と最低限の荷物だけを持っていくという手もある。その場合には、貴重品は必ず携帯し、荷物は外から見えないところに置くように気をつけよう(窓ガラスを割られて荷物を盗られる可能性がある)。

電車やバスを利用して行ける宿もあるが、小さな駅だとタクシーはまず待機していないので、時間に余裕をもった計画を立てたい。有料の送迎サービスを行なっている宿もある。

宿での食事

朝食・夕食の有無については宿ごとに異なるので、事前によく確認しておきたい。もともと食堂からスタートした料理自慢の宿もあれば、お勧めの店を教えるのでご自由にどうぞ、というところもある。朝食は、レセプションの隣などに専用の朝食ルームを設けていたり、地元の人々であふれるバールと提携していたりと様々だ。キッチン付きの部屋ならば、ハムやチーズ、ワインなどを買い込んで部屋で食べるのも楽しい。

チップは必要?

オーナーやスタッフの真心のこもったおもてなしに感動したり、思わぬ窮地から救ってもらったりすることもあるだろう。アルベルゴ・ディフーゾは、よくある町のホテルとは異なるので、荷物を運ぶのを手伝ってもらうなどの通常のサービスの場合には、特にチップを支払う必要はない。スタッフがチップをなかなか受け取ってくれないこともあるが、それでも感謝の気持ちを示したいときには、日本のポチ袋などに入れてそっと受付に置いたりするとよいだろう。

滞在中の心得

滞在中の楽しみの一つが、地元の人々との心あたたまる触れ合いだ。顔見知りになった宿のスタッフだけでなく、ほかの宿泊者や地元の人にも、「ボンジョルノ(こんにちは)!」と積極的に挨拶しよう。微笑んで、相手の目を見ながらだと、なおよい。小さな村では、暇そうな人から思わぬ親切を受けることもあるだろう。そういうときには恥ずかしがらずに大きな声で「グラッツィエ(ありがとう)!」と、感謝の気持ちを伝えてほしい。

おわりに

森まゆみさんと初めて会ったのは、2000年のことだった。当時、私はナポリ大学工学部に留学して、建築史を学んでいた。森さんが『「即興詩人」のイタリア』という本のために南イタリアを取材するというので、案内と通訳を引き受けた。森さんの取材の徹底ぶりとエネルギー、知識の豊富さに圧倒されたことを、その後も忘れることができなかった。

それから、私は現地の男性と結婚し、二児の母となった。少しずつ仕事も再開した頃、私のことは忘れていらっしゃるかもしれないと思いつつも、森さんに連絡をとった。そして2016年の夏に東京で再会することができた。10年以上前に数日ご一緒しただけであったが、話が尽きなかった。

話をする中で、私が2015年から調査をしているアルベルゴ・ディフーゾに、森さんが興味をもっていることが分かった。そこから瞬く間に話が進み、2017年の夏、森さんとアルベルゴ・ディフーゾを巡る旅が実現したというわけだ。

アルベルゴ・ディフーゾの名前を最初に日本で紹介した書籍としては、まずは島村菜津さんの『スローシティ　世界の均質化と闘うイタリアの小さな町』(2013年)がある。続いて、2017年に刊行された『世界の地方創生　辺境のスタートアップたち』と『CREATIVE LOCAL　エリアリノベーション海外編』には私も文章を寄せ、詳しく記した。

2016年には都内でアルベルゴ・ディフーゾの講演会も開催され、多くの人たちが関心をもっていることを実感した。その後、まちづくりにかかわる人たちからも質問を受けるようになり、ならば、もっと一般向けのガイドブックのようなものをつくってみようという想いから誕生したのが、この本だ。宿に関する記述だけでなく、欧州人の旅行スタイル、村の人々との会話、時間の流れ方など、イタリアの小さな村の雰囲気を盛り込みたいと思った。また、アルベルゴ・ディフーゾは必ずしも快適に滞在できる宿泊施設とはいえないというエピソードも、正直に記した。歴史を大事にして住むことは、不便さを受け入れることにも繋がるからだ。

イタリア人たちは、先人が築いたものを取り壊さずに済むのなら、不便なままの方がいいと答えるだろう。村の景観は村の誇りであり、住宅を壊されるのは、記憶やアイデンティティを取り除かれるのと同じことだ。1000年以上かけてゆっくり積み重ねられてきた町や村の住民たちの生きるパワーを、ぜひ感じて欲しい。できるだけ多くの住民と接して帰れば、あなたの住む日本の町や村も違って見えてくるかもしれない。

それでは、ボン・ヴィアッジョ(良い旅を)!

中橋恵

昼下がりに、モリーゼ州テルモリの近くの村を散策。レストランの中庭で子どもたちが楽しそうに遊ぶ姿が目に入った。

主要参考文献

◆*ALBERGHI DIFFUSI*, Touring Editore, 2011

◆島村菜津『スローシティ　世界の均質化と闘うイタリアの小さな町』　光文社新書　2013年

◆松永安光・徳田光弘＝編著、中橋恵・鈴木裕一・宮部浩幸・漆原弘・鷹野敦＝著『世界の地方創生　辺境のスタートアップたち』　学芸出版社　2017年

◆中橋恵「イタリアの空き家・空き建造物を利用した地域共創―アルベルゴ・ディフーゾの事例―」／『建築と社会』　2017年8月号　日本建築協会

◆馬場正尊・中江研・加藤優一＝編著、中橋恵・菊地マリエ・大谷悠・ミンクス典子・阿部大輔・漆原弘・山道拓人＝著『CREATIVE LOCAL　エリアリノベーション海外編』　学芸出版社　2017年

◆森まゆみ「暮らすように町に泊まる」第1～2回／『地域人』第26～27号　大正大学出版会　2017年

写真撮影

中橋恵…p1-16, p18左下以外, p19-28, p29左上以外, p30-33, p34上2点, p35上, p36-39, p42右下, p44, p45下2点, p46左上2点以外, p47, p48右下以外, p49左下, p50-60, p62左下以外, p63, p66-70, p71上2点, p72-81, p82左2点, p84, p85右2点, p86-87, p89-114, p115下, p116右下以外, p117-128

森まゆみ…p17, p18左下, p29左上, p34左下, p35下, p48右下, p49左下以外, p61, p62左下, p64-65, p83

野中昭夫［新潮社］…p42左下

写真提供

Il Mandorlo…p41, p42上2点

Antica Dimora del Gruccione…p43

Aquae Sinis…p45上, p46左上2点

Torre della Botonta…p71右下

Fulvio Ponzuoli…p82右

Francesca Es…p85左

Locanda Senio…p88

Borgo di Mustonate…p115上, p116右下

協力

Giancarlo Dall'Ara

玉井美子

アルベルゴ・ディフーゾ協会

（http://www.alberghidiffusi.it/）

＊本書は、すべて書き下ろしです。

＊イタリアの自治体は、規模にかかわらず、すべて「コムーネ」と呼ばれています。
本書では原則として、人口1万人未満の自治体を「村」、人口1万人以上の自治体を「町」と表記しています。

＊取材は2016〜2017年にかけて行なわれました。スタッフの年齢などは取材時点のものです。
また、宿の住所や営業時間等の情報は、2018年4月時点のものです。

ブックデザイン
大野リサ

シンボルマーク
nakaban

とんぼの本

イタリアの小《ちい》さな村《むら》へ
アルベルゴ・ディフーゾのおもてなし

発行　2018年5月30日

著者　中橋《なかはし》 恵《めぐみ》　森《もり》まゆみ
発行者　佐藤隆信
発行所　株式会社新潮社
住所　〒162-8711 東京都新宿区矢来町71
電話　編集部 03-3266-5611
読者係 03-3266-5111
ホームページ　http://www.shinchosha.co.jp/tonbo/
印刷所　半七写真印刷工業株式会社
製本所　加藤製本株式会社
カバー印刷所　錦明印刷株式会社

ISBN978-4-10-602283-8 C0326